当は知らない

10才からの保《ほ》健《けん》体《たい》育《いく》

—こころとからだのギモン—

監修
今西洋介
チャイルドリテラシー協会

マンガ
よこてさとめ

永岡書店

はじめに

こんにちは！　私《わたし》は今西洋介《いまにしようすけ》といいます。０才《さい》の赤《あか》ちゃんから、12才《さい》ぐらいの年令《ねんれい》の子《こ》までを診察《しんさつ》するお医者《いしゃ》さんで、新生児科医《しんせいじかい》・小児科医《しょうにかい》として子《こ》どもたちの健《すこ》やかな成長《せいちょう》を支援《しえん》してきました。

一般社団法人《いっぱんしゃだんほうじん》チャイルドリテラシー協会《きょうかい》の代表《だいひょう》でもあり、エビデンス（科《か》学的根拠《がくてきこんきょ》のこと）に基《もと》づいて、子育《こそだ》てや健康《けんこう》に関《かん》する情報《じょうほう》を提供《ていきょう》することにも取《と》り組《く》んでいます。

この本《ほん》は、10才前後《さいぜんご》の子《こ》のこれからの体《からだ》と心《こころ》の変化《へんか》にスポットを当《あ》てて、さまざまなことを解説《かいせつ》したもので、私《わたし》は、その情報《じょうほう》が医学的《いがくてき》にまちがっていないかを確認《かくにん》するお手伝《てつだ》いをしています。

あなたたちはこれから成長《せいちょう》していく中《なか》で、体《からだ》つきが変《か》わっていったり、今《いま》までになかった感情《かんじょう》が芽生《めば》え始《はじ》めたりすることがあるでしょう。そして、その体《からだ》や感情《かんじょう》の変化《へんか》にとまどうことも少《すく》なくないと思《おも》います。これは自然《しぜん》なことであり、だれもが通《とお》る道《みち》です。体《からだ》と心《こころ》の変化《へんか》がどうして起《お》きるのか、どのように向《む》き合《あ》えばよいのかを、この本《ほん》で学《まな》んでもらえたらうれしいです。

このような時期《じき》を思春期《ししゅんき》といいますが、思春期《ししゅんき》には孤独《こどく》を感《かん》じやすいものです。自分《じぶん》の居場所《いばしょ》がなくなったように思《おも》ったり、他人《たにん》と自分《じぶん》とを比《くら》べて不《ふ》安《あん》になったりすることが起《お》きるかもしれません。でもそう感《かん》じているのはあなただけでなく、同年代《どうねんだい》のほかの多《おお》くの子《こ》たちも同様《どうよう》の経験《けいけん》をしていることだと知《し》っておいてください。それを知《し》っておくだけで、気持《きも》ちが少《すこ》し軽《かる》くなるはずです。

正《ただ》しい知識《ちしき》や情報《じょうほう》は、このような変化《へんか》を乗《の》り越《こ》えるための助《たす》けとなり、自《じ》分《ぶん》自身《じしん》を理解《りかい》することにつながります。あなたをいちばん大切《たいせつ》にできるのは、ほかのだれでもなくあなた自身《じしん》です。どうかそのことを実感《じっかん》できるようになってください。

この本《ほん》があなたの大切《たいせつ》な一歩《いっぽ》を後《あと》おしするものとなりますように。

ダダ
ダダ
ただいまっ!
ビューーンッ
ガタンッ
ナツメえ~
大丈夫《だいじょうぶ》?
ガチャッ
ああ、スッキリした!!
すっげーのが出《で》たぜ!!
ドーーン
ズコ~~~ッ
学校《がっこう》を出《で》る前《まえ》に、トイレに行《い》きなさいよ。
はい、タオル
だってえ、個室《こしつ》に入《はい》るなんて**うんこしてます!**って言《い》ってるみたいで、はずかしいんだよ。
それ、わかる~。わたしは**おしっこもがまんしちゃうときが**あるよ…。

あのねえ…。
あなたたちは、これからぐーんと成長《せいちょう》するのよ。
体《からだ》もそうだけど、心《こころ》だって大人《おとな》にならないといけないのよ。
おっ
わっ
タオル
トイレに行《い》くのははずかしくない！
どーーんっ
がまんすると体《からだ》にもよくないのよ。わかった!?
はーい…
ところでよ、ユズ姉《ねえ》さ、最近《さいきん》カレシができたろ？
ウシシ
「成長《せいちょう》した大人《おとな》」はちがうなあ。
ニヤニヤ
えっ、カレシ!? もうチューした!? チューチュー♡
きゃ〜〜
う〜〜っ
うるさーい!!!

ってどういうこと？

☞58ページ
健康《けんこう》にはスッキリうんち！

☞65ページ
清潔感《せいけつかん》がますます大事《だいじ》！

☞132ページ
運動《うんどう》して体《からだ》をきたえよう

赤《あか》ちゃんを
つくるための
体《からだ》のしくみも、
これから育《そだ》って
いくんだよ。

みよう!!

赤ちゃんはどんなふうに生まれてくる？
は〜い

❸赤《あか》ちゃんって
どうやってできるの？

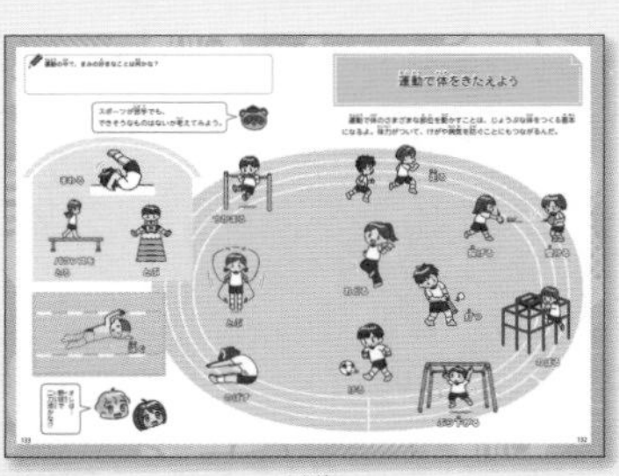
運動で体をきたえよう

❹じょうぶな体《からだ》をつくろう

きみは大人《おとな》への入口《いりぐち》に立《た》っている！

成長《せいちょう》する

14ページ
思春期《ししゅんき》に突入《とつにゅう》!!

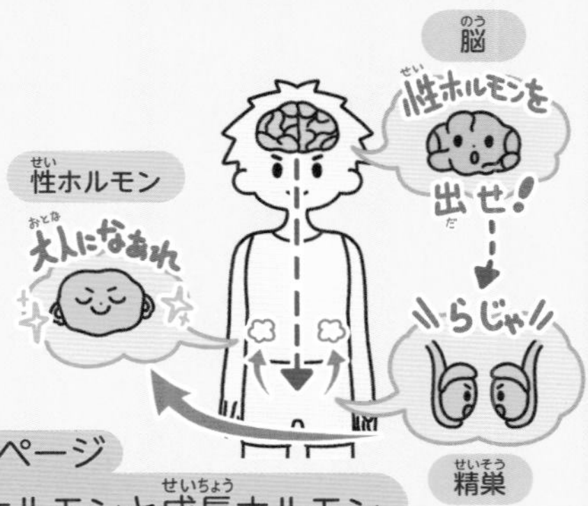
脳《のう》
性《せい》ホルモンを出《だ》せ!
性《せい》ホルモン
大人《おとな》になあれ
らじゃ
精巣《せいそう》

24ページ
性《せい》ホルモンと成長《せいちょう》ホルモン

109ページ
“好《す》き”の種類《しゅるい》!?

103ページ
セックスとは？

さっそく読《よ》んで

❶自分《じぶん》の体《からだ》をよく知《し》ろう

❷体《からだ》と心《こころ》の健康《けんこう》を守《まも》ろう

もくじ

参考文献／「こころとからだの不安によりそう　性ってなんだろう？」シリーズ（新日本出版社）、「大人も知らない!?　性教育なぜなにクイズ図鑑」（宝島社）、「国際セクシュアリティ教育ガイダンス【改訂版】」（明石書店）、「体育の教科書　小学校低学年～高学年用」（山と渓谷社）、「コツがわかる！　小学生の体育図鑑」（成美堂出版）

この本《ほん》に出《で》てくる子《こ》たち

双子《ふたご》のきょうだい

お母《かあ》さんが日本人《にほんじん》で、お父《とう》さんがオランダ人《じん》。

チャコ

くせっ毛《け》がなやみ。ユズ姉《ねえ》のことが大《だい》好《す》き。

ナツメ

背《せ》をのばしたくて、いつもあれこれためしている。

お姉《ねえ》さん

ユズ

高校《こうこう》3年生《ねんせい》。チャコとナツメとはお父《とう》さんがちがう。

ママ

ツバキ

15年前《ねんまえ》にユズのお父《とう》さんと離婚後《りこんご》、カイパパと恋《こい》に落《お》ちて再婚《さいこん》した。

パパ

カイ

建築《けんちく》の勉強《べんきょう》で日本《にほん》に来《き》て、ツバキママと出会《であ》った。日本文化《にほんぶんか》が大好《だいす》き。

ブンちゃん

しゃべるたぬきの茶《ちゃ》がま。年令《ねんれい》は200才《さい》をこえているらしい!?

友《とも》だち

スズ

スタイルのいいチャコをうらやましく思《おも》っている。

カエデ

ナツメの親友《しんゆう》。太《ふと》りやすいのがなやみ。

PART 1

自《じ》分《ぶん》の体《からだ》をよく知《し》ろう

大人《おとな》になっていく、体《からだ》と心《こころ》

わたくし、たぬきの茶《ちゃ》がま、名《な》を「文福《ぶんぶく》」と申《もう》します。
この家《いえ》には10才《さい》になる双子《ふたご》がいます。
大人《おとな》になりかけのナツメとチャコは、最近《さいきん》なやみがふえてきたみたいです。
オレ、ちんちんに毛《け》が生《は》えてきた！
うっそ〜!!
バッ
そんなの見《み》せないでよ！
やだ〜〜〜っ
……はい、毎日《まいにち》さわがしいです。

こちらは、お姉《ねえ》さんのユズちゃん。高校《こうこう》3年生《ねんせい》です。
デートの服《ふく》、どっちがいいかな？
そして、パパとママ。大恋愛《だいれんあい》の末《すえ》、国際結婚《こくさいけっこん》をしました。ちなみにママは再婚《さいこん》です。
ハニー♡今日《きょう》もきれいだよ。
ダーリン、ありがとう♡
ユズ姉《ねえ》、オレさ、ちんちんに…。
タタッ
も〜
そんなこと人《ひと》に言《い》わないの！まあ、あなたたちの思春期《ししゅんき》はこれからだから仕方《しかた》ないか…。まだまだお子《こ》ちゃまだもんねー。
春休《はるやす》みみたいなコト？
思春期《ししゅんき》？？
青春《せいしゅん》？
ってことで、まずは「思春期《ししゅんき》」について説明《せつめい》しますね。はじまりはじまり〜。

子《こ》どもから大《おお》きく変《か》わる“思春期《ししゅんき》”に突入《とつにゅう》！

人《ひと》が生《う》まれてから死《し》ぬまで、どんなふうに過《す》ごしていくかを考《かんが》えたことってある？　きみたちは、今《いま》、子《こ》どもから大人《おとな》へと大《おお》きく変《か》わる思春期《ししゅんき》という時期《じき》に突入《とつにゅう》しかけているよ。

新生児《しんせいじ》・乳児期《にゅうじき》

幼児期《ようじき》（1才《さい》～小学校入学《しょうがっこうにゅうがく》まで）

成人期《せいじんき》（～64才《さい》まで）

高齢期《こうれいき》（65才《さい》以上《いじょう》）

人《ひと》の一生《いっしょう》は、体《からだ》や心《こころ》の発達《はったつ》によっていくつかの年代《ねんだい》に分《わ》けられるよ。思《し》春期《しゅんき》は、その中《なか》でも大《おお》きな変化《へんか》のある時期《じき》。変化《へんか》をこわがらず、大人《おとな》になるための準備《じゅんび》をしていこう！

人間《にんげん》の体《からだ》って、どうなってるの？

大人《おとな》に変《か》わるのが思春期《ししゅんき》かあ〜。
って、さっきのは、だれが教《おし》えてくれたの？
ガタ…
ガタガタ
ガタガタ
ハイハイハーイ!!
ぶんぶく茶《ちゃ》がまのブンちゃんでーす♪
ぽんっ
はあっ、200年《ねん》ぶりに動《うご》いたから、体《からだ》がなまってるよ。
ゴキッ
ゴキッ
さあ、みなさんもごいっしょに!! 自分《じぶん》の体《からだ》と向《む》き合《あ》ってみましょう〜。
いっちに、さんし、にーにさんし!!

自分《じぶん》の体《からだ》をよく見《み》てみよう！

人間《にんげん》の体《からだ》は、頭《あたま》・胴《どう》・手《て》・足《あし》の部分《ぶぶん》からできている

頭部《とうぶ》…脳《のう》

脳《のう》は、体《からだ》の司令塔《しれいとう》。体中《からだじゅう》に指令《しれい》を出《だ》して、内臓《ないぞう》のはたらきや、言葉《ことば》、運動《うんどう》、記憶《きおく》などをコントロールしているよ。

胴《どう》…内臓《ないぞう》

呼吸《こきゅう》をする、食《た》べ物《もの》の栄養《えいよう》を体《からだ》に取《と》りこむ、不要《ふよう》な物《もの》をうんちやおしっこにして体《からだ》の外《そと》に出《だ》す、体中《からだじゅう》に血液《けつえき》をめぐらせるなど、さまざまなはたらきをする臓器《ぞうき》があるよ。

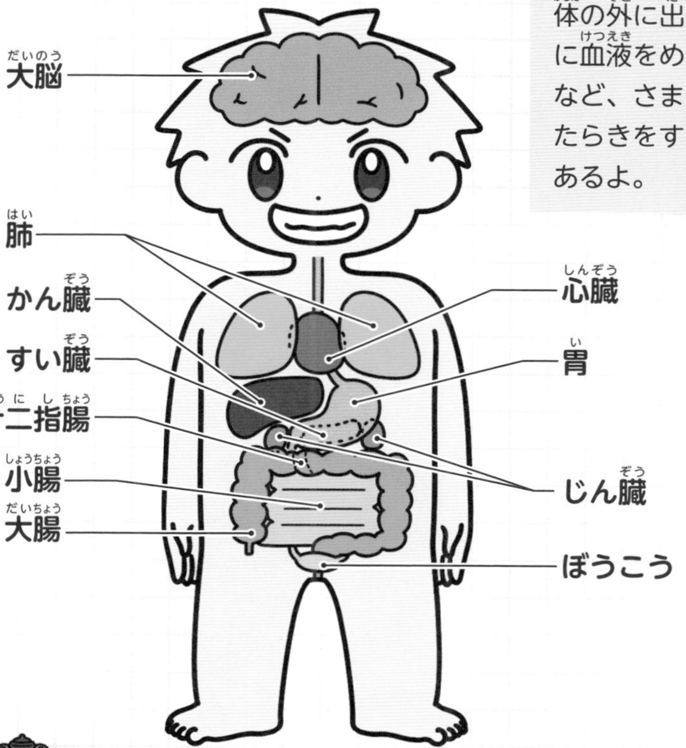

それと、男女《だんじょ》で大《おお》きくちがうところがあるよね？
何《なん》でしょうか？

答《こた》え

男女《だんじょ》で大《おお》きくちがうのは性器《せいき》

性器《せいき》は、“おまた”や“おちんちん”と言《い》っている部分《ぶぶん》のことだよ。「おしっこを出《だ》すところ」って思《おも》っているかな？　それは半分《はんぶん》だけ正解《せいかい》。性器《せいき》にはほかにも、大切《たいせつ》なはたらきがあるんだよ。

性器《せいき》は赤《あか》ちゃんをつくり育《そだ》てるための場所《ばしょ》

女性《じょせい》
男性《だんせい》
精子《せいし》です！
卵子《らんし》です！
ひとつになって受精卵《じゅせいらん》です！
赤《あか》ちゃんになるんだよ。
命《いのち》のもとになる卵子《らんし》と精子《せいし》をつくるよ。
おなかの中《なか》で赤《あか》ちゃんが成長《せいちょう》して…
生《う》まれた！
ハッピーバースデー！

自分《じぶん》だけの“プライベートゾーン”

プライベートゾーンは、水着《みずぎ》でかくれる部分《ぶぶん》（胸《むね》・性器《せいき》・おしり）と口《くち》、と覚《おぼ》えるといいよ。体《からだ》の内部《ないぶ》につながる部分《ぶぶん》で、特《とく》に大事《だいじ》なところなんだ。

プライベートゾーンは、
自分《じぶん》だけが見《み》たり、
さわったりして
いいところ！

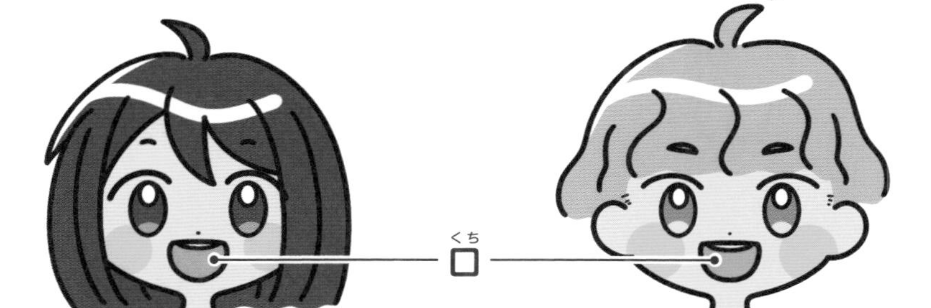

プライベートゾーンは、
家族《かぞく》でも勝手《かって》に
さわらないところ！

プライベートゾーンは、
自分《じぶん》だけの
大切《たいせつ》な場所《ばしょ》！

プライベートゾーンが大切《たいせつ》な理由《りゆう》

自分《じぶん》の体《からだ》は、頭《あたま》もおなかも手足《てあし》もぜ〜んぶ大事《だいじ》。その中《なか》でも、プライベートゾーンは、「生《い》きること」に深《ふか》く関《かか》わる部分《ぶぶん》だから特《とく》に大切《たいせつ》なんだよ。

他人《たにん》の体《からだ》も大切《たいせつ》にする

他人《たにん》のプライベートゾーンも、勝手《かって》に見《み》たり、さわったりしてはいけないよ。

プライベートゾーン以外《いがい》も、他《た》人《にん》の体《からだ》にふれるときは、「手《て》をつないでいい？」などと聞《き》いてからにしよう。

キャッ
キャッ

小《ちい》さいころは、家《いえ》の中《なか》をはだかで歩《ある》き回《まわ》っていたよね。でも、これからは大人《おとな》の体《からだ》へ変化《へんか》していくから、次《つぎ》のようなことに気《き》をつけていこう。

性器《せいき》は自分《じぶん》で洗《あら》う

異性《いせい》の家族《かぞく》とのおふろはひかえる

ようち園《えん》から
いっしょに入《はい》って
ないよね。

これから気《き》をつけること

部屋《へや》の中《なか》をはだかでうろうろしない

ホカ
ホカ
おふろや
着《き》がえのとき

大人《おとな》の体《からだ》って、どんな感《かん》じ?

改《あらた》めまして、たぬきの
茶《ちゃ》がま、文福《ぶんぶく》と申《もう》します。
ブンちゃんってよんで
ください。
パパさんが古道具屋《ふるどうぐや》さんで、
ブンを見《み》つけて
くれたんですよ。
Prachtig!
オランダ語《ご》
ウツクシーデス
動《うご》いてる!
えっ、
やわらかい!
さわっ
あったかいし!
かっわいいー!♡
ぎゅっ
ちょっと
ちょっと
急《きゅう》にさわるのはダメなんだよ。
さっき、「他人《たにん》の体《からだ》も大切《たいせつ》に
するんだよ」って説明《せつめい》したよね?
グッグッ
あっ……
ごめん…
じゃあ、次《つぎ》は
もっとくわしく
教《おし》えるよ!!

子《こ》どもの体《からだ》から大人《おとな》の体《からだ》へ成長《せいちょう》する

思春期《ししゅんき》には、大人《おとな》の体《からだ》になるための準備《じゅんび》が始《はじ》まるよ。

思春期《ししゅんき》の体《からだ》の変化《へんか》

身長《しんちょう》がのびて、体重《たいじゅう》がふえる

性器《せいき》のまわりやわきに毛《け》が生《は》える

体《からだ》の毛《け》がこくなる

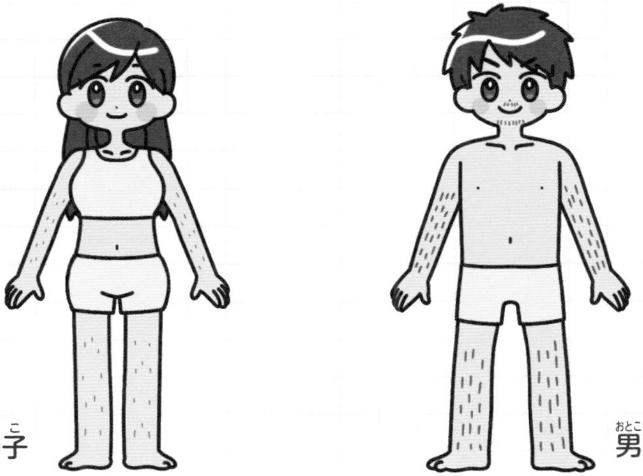

女《おんな》の子《こ》

男《おとこ》の子《こ》

女《おんな》の子《こ》

- 声《こえ》変《が》わりをする（気《き》づかないことも多《おお》い）
- むねがふくらみ、おしりが大《おお》きくなる
- 丸《まる》みのある体《からだ》つきになる
- 生理《せいり》が始《はじ》まる

男《おとこ》の子《こ》

- のどぼとけが出《で》て、声《こえ》変《が》わりをする
- ひげが生《は》える
- 筋肉質《きんにくしつ》でがっしりとした体《からだ》つきになる
- 精通《せいつう》がある

“性《せい》ホルモン”で、体《からだ》の変化《へんか》が始《はじ》まる

脳《のう》が指令《しれい》を出《だ》す

ホルモンとは体《からだ》のはたらきを調節《ちょうせつ》するもので、さまざまな種類《しゅるい》があるよ。性《せい》ホルモンはそのうちのひとつで、子《こ》どもの体《からだ》から大人《おとな》の体《からだ》へと変《か》える役《やく》割《わり》をするんだ。

性《せい》ホルモンは脳《のう》からの指令《しれい》によって、卵《らん》巣《そう》・精巣《せいそう》から出《で》るんだ。これによって、体《からだ》のさまざまな部分《ぶぶん》が変化《へんか》して、生理《せいり》(➡30ページ)や精通《せいつう》(➡39ページ)などが起《お》こるよ。

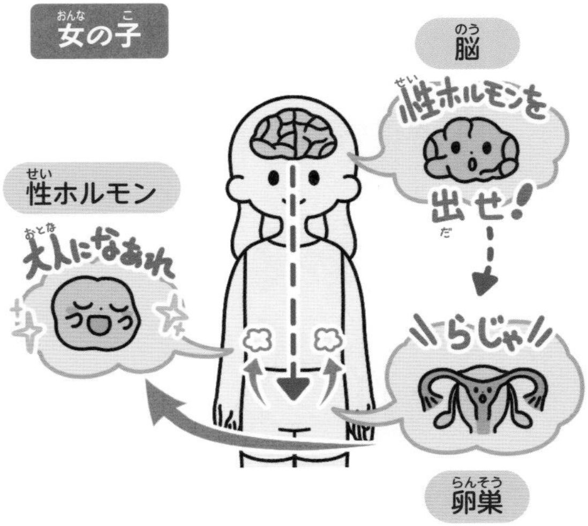

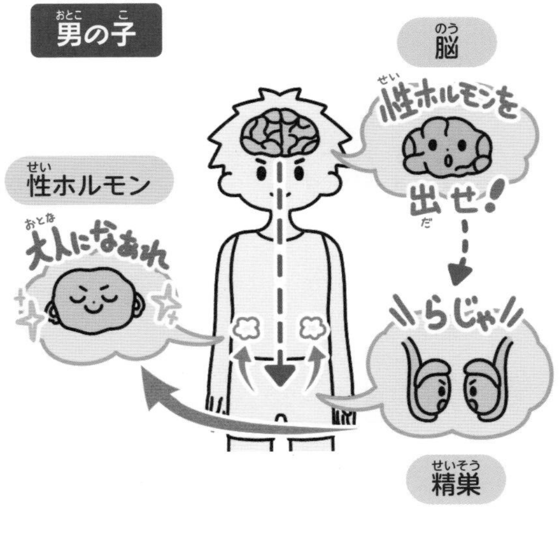

人《ひと》によってちがう!

男性《だんせい》・女性《じょせい》の大人《おとな》の体《からだ》の特徴《とくちょう》があらわれることを“二次性徴《にじせいちょう》”というよ。特徴《とくちょう》があらわれる時期《じき》やあらわれ方《かた》は、人《ひと》によってちがっていて、個《こ》人差《じんさ》が大《おお》きいよ。

体《からだ》や心《こころ》にこんな影響《えいきょう》がある！

性《せい》ホルモンがたくさん出《で》るようになると、体《からだ》の脂《あぶら》や汗《あせ》の量《りょう》が多《おお》くなるんだ。脂《あぶら》や汗《あせ》は必要《ひつよう》なものだけど、お手《て》入《い》れをする必要《ひつよう》が出《で》てくるかもしれないよ。気《き》になることがあったら、家《いえ》の人《ひと》に相談《そうだん》してみよう。

ニキビができやすくなる

洗顔《せんがん》フォームをよく泡《あわ》立《だ》てて、やさしく洗《あら》う。

体《からだ》のにおいが強《つよ》くなる

わきや性器《せいき》などを特《とく》にていねいに洗《あら》う。

気持《きも》ちが不安定《ふあんてい》になりやすい

思春期《ししゅんき》には、性《せい》ホルモンのほかに体《からだ》を大《おお》きくするための成長《せいちょう》ホルモンもたくさん出《で》ているよ。それにともなって、ホルモンのバランスがくずれやすくなって、気持《きも》ちが不安《ふあん》定《てい》になることがあるんだ。

そんなときは、70・71ページの方法《ほうほう》で気持《きも》ちを落《お》ち着《つ》かせよう。

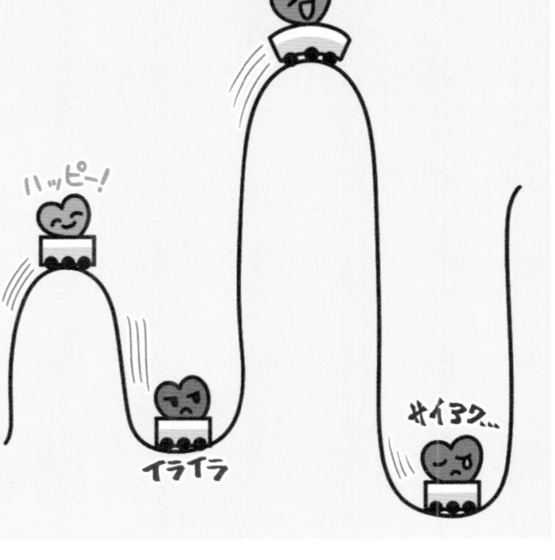
ヒャホー！
ハッピー！
イライラ
サイアク…

女《おんな》の子《こ》の体《からだ》は、どうなっていくの?

ブンちゃんって、すっげーのな!
人間《にんげん》のことを、どうしてそんなに知《し》ってるんだよ?
うーん、そうだなあ…。ブンは茶《ちゃ》がまでしょ?
いろんなおうちにかざられて、長《なが》い間《あいだ》、たくさんの人間《にんげん》を見《み》てきたからかなあ。
あとは…Wi《ワイ》-Fi《ファイ》経由《けいゆ》で?
わいふぁい?
ええっーーー!!
うちのWi《ワイ》-Fi《ファイ》を使《つか》ってるの?
何《なん》でパスワード知《し》ってるのよ!?
スマホで?
パソコンで?
ママぁ、ブンちゃんがネット使《つか》ってるって!!
オレだって、まだスマホ持《も》たせてもらえないのにー。

ブンブン茶《ちゃ》がまがインターネットを使《つか》うなんて…。
10才《さい》からのインターネットのルールと使《つか》い方《かた》ちゃんと読《よ》んだ〜？
好評発売中《こうひょうはつばいちゅう》！
10才からのインターネットのルールと使い方
ヒョイッ
まあね〜。
もちろん本《ほん》読《よ》んだよ〜
スマホでね、監修《かんしゅう》の先生《せんせい》に教《おし》えてもらって、情報《じょうほう》のアップデートもしているよ!!
今西先生《いまにしせんせい》
じゃあ…、ブンちゃんに教《おし》えてもらおうかなあ。
何《なに》？
あっ、やっぱりユズちゃんに聞《き》くからいいや!!
ズッ
じゃ、デート行《い》ってくるね♡
くるっ
バタンッ
あっ…
あれ、ブンの出番《でばん》かな？
ひょこっ

女《おんな》の子《こ》の"おまた"って、どうなっているの？

女《おんな》の子《こ》のおまたは、外《そと》から見《み》える部分《ぶぶん》を外性器《がいせいき》、体《からだ》の中《なか》にある部分《ぶぶん》を内性器《ないせいき》というよ。内性器《ないせいき》は、おなかの下《した》のほうにあるよ。外性器《がいせいき》を見《み》たことがない子《こ》は一度《いちど》、鏡《かがみ》で見《み》てみよう。

外性器《がいせいき》と内性器《ないせいき》

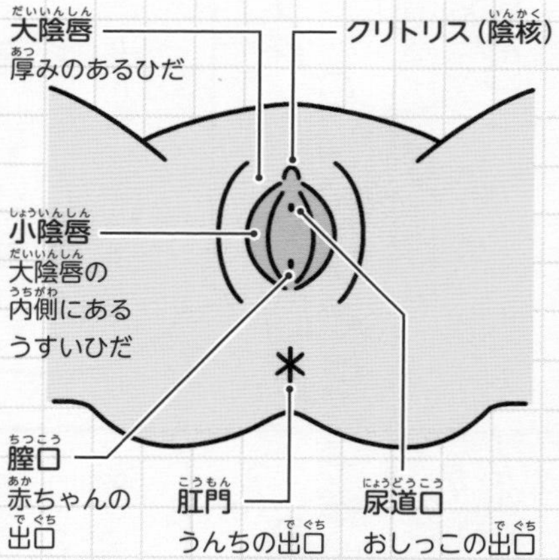

外性器《がいせいき》

女《おんな》の子《こ》の外性器《がいせいき》は、バルバともいうよ。おしっこの出口《でぐち》、うんちの出口《でぐち》のほかに、赤《あか》ちゃんが出《で》てくる膣口《ちつこう》という、全部《ぜんぶ》で３つのあながあるよ。

内性器《ないせいき》を横《よこ》から見《み》たところ

内性器《ないせいき》は、赤《あか》ちゃんを育《そだ》てるための場所《ばしょ》だよ。生理《せいり》の血《ち》が出《で》るのも膣口《ちつこう》で、膣口《ちつこう》はおしっこの出口《でぐち》（尿道口《にょうどうこう》）とうんちの出口《でぐち》（肛門《こうもん》）の間《あいだ》の位置《いち》にあるよ。

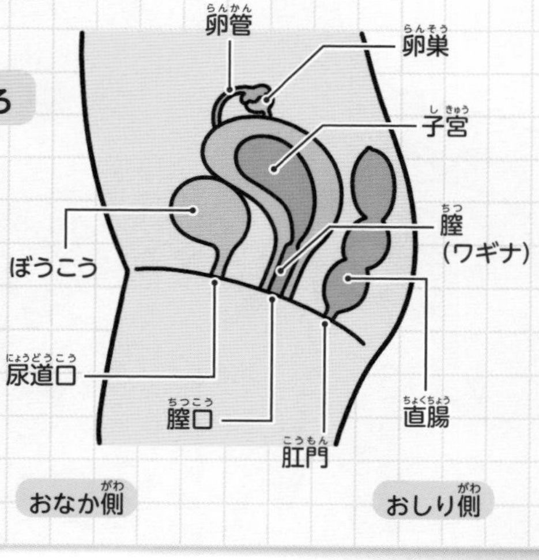

おふろでの洗《あら》い方《かた》

❶お湯《ゆ》をかける。
❷石《せっ》けんをあわ立《だ》てて、手《て》でなでるように洗《あら》う。よごれはひだの内側《うちがわ》にたまりやすいよ。
❸お湯《ゆ》をかけて石《せっ》けんを流《なが》す。

チョキの指《ゆび》で、ひだにそわせると洗《あら》いやすい。
肛門《こうもん》の周《まわ》りもていねいに洗《あら》う。

気《き》をつけて！

- 膣《ちつ》の中《なか》は洗《あら》わない。
- つめを立《た》てたり、タオルでゴシゴシしないで、やさしく洗《あら》う。

トイレでのふき方《かた》

おしっこのとき

そっとおさえるようにして、おしっこの水分《すいぶん》を前《まえ》から後《うし》ろへふきとる。

うんちのとき

ふく手《て》を前《まえ》に動《うご》かすと、うんちの雑菌《ざっきん》が膣口《ちつこう》や尿道口《にょうどうこう》についてしまうので、必《かなら》ず前《まえ》から後《うし》ろへ動《うご》かしてふきとる。

うんちも前《まえ》から後《うし》ろへ。

おまたはとってもデリケートなところ。
やさしくさわろうね。

“生理《せいり》”って何《なに》？

月《つき》に一度《いちど》、膣《ちつ》から血《ち》が出《で》る

えっ、けがじゃないのに血《ち》が出《で》るの⁉

生理《せいり》（月経《げっけい》）は、女《おんな》の子《こ》の体《からだ》に起《お》きる大《おお》きな変化《へんか》のひとつで、10～15才《さい》くらいの間《あいだ》に初《はじ》めての生理《せいり》があるよ。ふつうの血《ち》とはちがって、正《ただ》しくは経血《けいけつ》というよ。

経血《けいけつ》は、使《つか》われなかった赤《あか》ちゃんのためのベッド

内性器《ないせいき》を前《まえ》から見《み》たところ

子宮《しきゅう》
赤《あか》ちゃんが育《そだ》つための部屋《へや》。

子宮内膜《しきゅうないまく》
赤《あか》ちゃんのためのベッド。赤《あか》ちゃんがいないときは、毎月《まいつき》、新《あたら》しいベッドに作《つく》りかえられる。

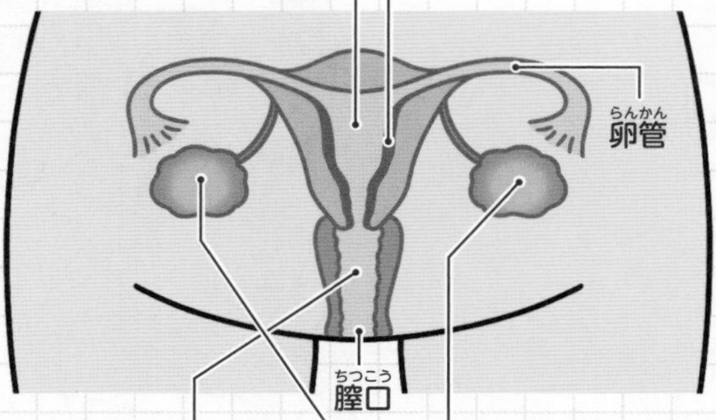

卵管《らんかん》
膣口《ちつこう》

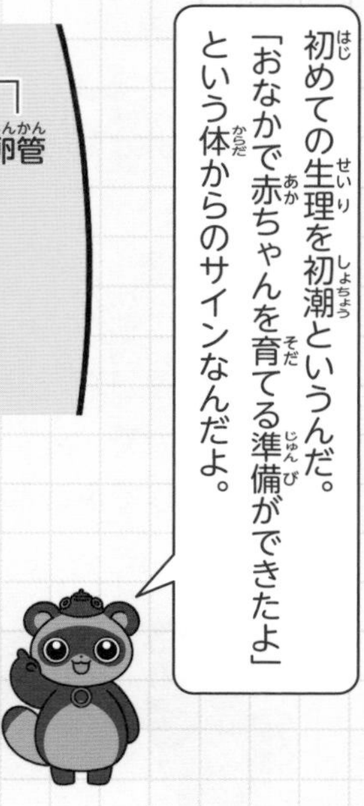

初《はじ》めての生理《せいり》を初潮《しょちょう》というんだ。「おなかで赤《あか》ちゃんを育《そだ》てる準備《じゅんび》ができたよ」という体《からだ》からのサインなんだよ。

膣《ちつ》
子宮《しきゅう》と外《そと》をつなぐ通《とお》り道《みち》。経血《けいけつ》はここを通《とお》って出《で》てくる。出産《しゅっさん》のときは、赤《あか》ちゃんもここを通《とお》る。

卵巣《らんそう》
左右《さゆう》にひとつずつある。命《いのち》のもとになる卵子《らんし》が育《そだ》つ場所《ばしょ》。

排卵《はいらん》と生理《せいり》のしくみ

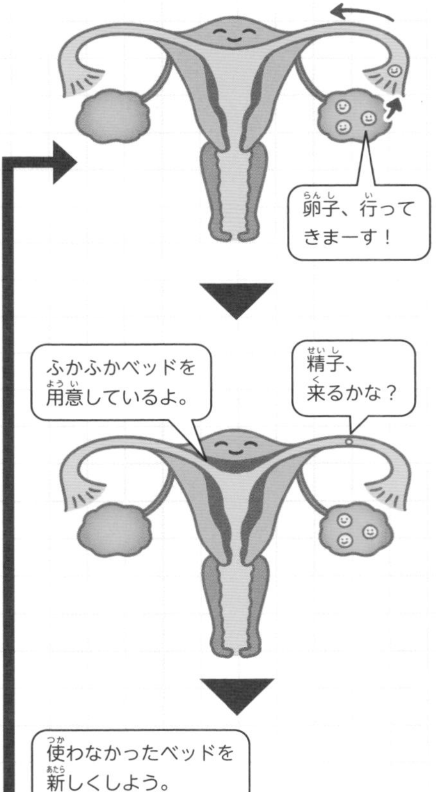

卵子《らんし》、行《い》って
きまーす！
ふかふかベッドを
用意《ようい》しているよ。
精子《せいし》、
来《く》るかな？
使《つか》わなかったベッドを
新《あたら》しくしよう。

これが 排卵《はいらん》

卵巣《らんそう》から、命《いのち》のもとの卵子《らんし》が飛《と》び出《だ》す

❶左右《さゆう》の卵巣《らんそう》のどちらかから、卵子《らんし》がひとつ飛《と》び出《だ》して、卵管《らんかん》に入《はい》る。

❷卵子《らんし》が子宮《しきゅう》に向《む》かって卵管《らんかん》の中《なか》を移動《いどう》する。

赤《あか》ちゃんのためのベッドがふかふかになる

❸排卵《はいらん》が始《はじ》まると、子宮内膜《しきゅうないまく》が厚《あつ》くなる。

（このころに卵子《らんし》と精子《せいし》が受精《じゅせい》する（➡91ページ）と、受精《じゅせい》卵《らん》になる。）

これが 生理《せいり》

使《つか》わなかったベッドを子宮《しきゅう》の外《そと》へ出《だ》す（3～7日《か》続《つづ》く）

❹受精卵《じゅせいらん》にならないと、子宮内膜《しきゅうないまく》がはがれて、血《ち》といっしょに膣口《ちつこう》から出《で》る。

およそ1か月《げつ》（25～38日《にち》）に1回《かい》の周期《しゅうき》で、排卵《はいらん》と生理《せいり》をくり返《かえ》す

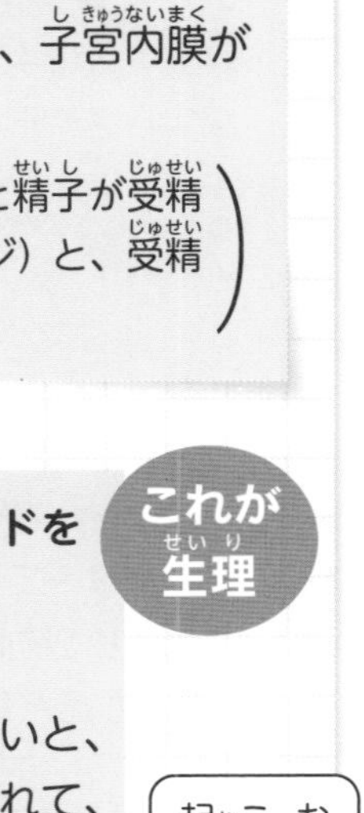

おなかの中《なか》で、
こんなことが
起《お》きるんだ！

生理用品《せいりようひん》の種類《しゅるい》

生理中《せいりちゅう》は、ナプキンや専用《せんよう》のパンツを使《つか》って、経血《けいけつ》がもれないようにするよ。期間《きかん》はだいたい５日間前後《かかんぜんご》。

最初《さいしょ》はナプキンとサニタリーショーツを使《つか》うのがおすすめ！

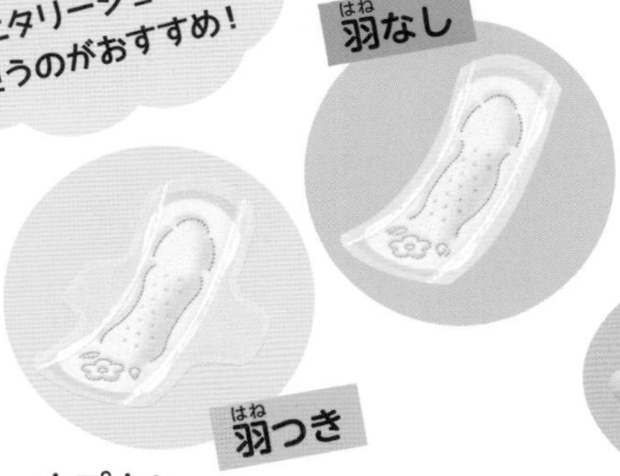

羽《はね》なし
羽《はね》つき

生理用品《せいりようひん》は、ポーチなどに入《い》れて持《も》ち歩《ある》こう

急《きゅう》に生理《せいり》になったときでも安心《あんしん》だね。

ナプキン
経血《けいけつ》の量《りょう》によって、さまざまな大《おお》きさや形《かたち》のものがある。

タンポン
膣《ちつ》の中《なか》に入《い》れる。

サニタリーショーツ
防水加工《ぼうすいかこう》で経血《けいけつ》などのよごれも落《お》としやすい。

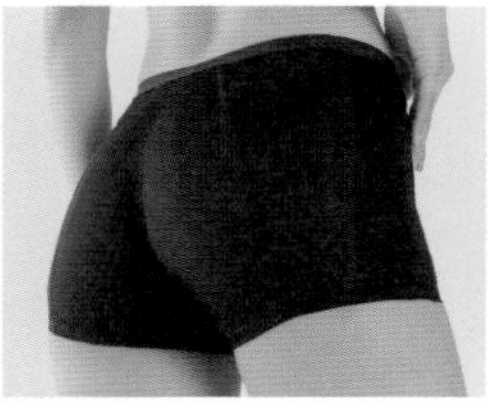

吸水《きゅうすい》ショーツ
洗《あら》ってくり返《かえ》し使《つか》える。ナプキン数枚分《すうまいぶん》の吸収量《きゅうしゅうりょう》がある。

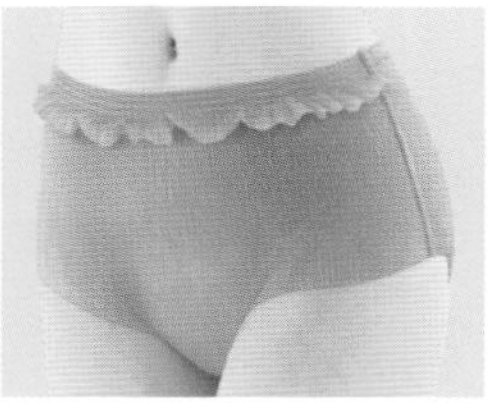

ショーツ型《がた》ナプキン
ショーツの形《かたち》をしたナプキンで、ずれる心配《しんぱい》がない。

画像提供／ユニ・チャーム株式会社

おなかや頭《あたま》が痛《いた》くなることがある

生理前後《せいりぜんご》の体調《たいちょう》は人《ひと》それぞれで、ねこむほど具合《ぐあい》が悪《わる》くなる人《ひと》もいれば、ほとんど痛《いた》みのない人《ひと》もいるよ。だるかったり気分《きぶん》が悪《わる》いときは、無理《むり》をしないでね。痛《いた》み止《ど》めの薬《くすり》もあるから、家《いえ》の人《ひと》と相談《そうだん》してみよう。

ブンちゃんのおなやみ相談室《そうだんしつ》1

Q しつもん　ブラジャーっていつからつけるの？

A おこたえ　「シャツから胸《むね》がすけていないかな」「動《うご》くと胸《むね》が気《き》になるな」「乳首《ちくび》がこすれて痛《いた》いな」、こんなことが気《き》になったら、ブラジャーをつけ始《はじ》める時期《じき》だよ。

しめつけすぎないものを選《えら》ぼう

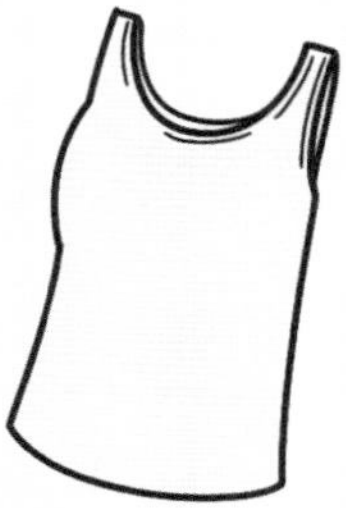

カップつきのキャミソールやタンクトップ

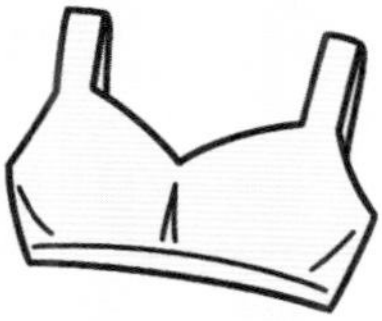

スポーツブラやハーフトップブラ

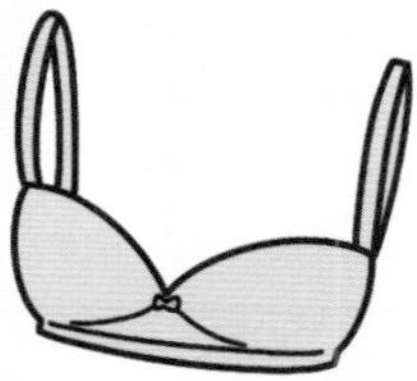

ジュニア用《よう》ブラジャー

Q しつもん　病気《びょうき》!?　パンツに白《しろ》っぽいものがついてる!!

よごれが気《き》になるときは、おりものシートを使《つか》おう

ナプキンと同《おな》じようにパンツにはりつける。

画像提供／ユニ・チャーム株式会社

A おこたえ　それは子宮《しきゅう》や膣《ちつ》をばいきんなどから守《まも》る、“おりもの”という大事《だいじ》な液体《えきたい》で、病気《びょうき》ではないよ。経血《けいけつ》と同《おな》じく膣口《ちつこう》から出《で》ていて、ねばり気《け》があったり、さらっとしていたりして、かわくと黄色《きいろ》っぽくなるのがふつうだよ。体調《たいちょう》によって、においや色《いろ》が変《か》わるから、いつもチェックするようにしよう。

男《おとこ》の子《こ》の体《からだ》は、どうなっていくの？

女子《じょし》は、大人《おとな》になると、血《ち》が出《で》るのか…。なんかなんか、すごいよな…。
ほんとに…
男子《だんし》には、生理《せいり》みたいなものってないのかな？
カエデに聞《き》いたんだけど、男子《だんし》はちんちんから白《しろ》い血《ち》が出《で》るんだってよ!!
マジ!
白《しろ》い血《ち》？おりもののことかな？
？
？
わっかんねえ…。でも、それが大人《おとな》になるってことだってカエデの兄《にい》ちゃんが言《い》ってたらしいぞ。
うたがいの目《め》～!!
白《しろ》い血《ち》で大人《おとな》？ホントかなあ…。

ナツメさん、チャコさん。
ちょいちょい
生理《せいり》や白《しろ》い血《ち》のことは、
とーっても大事《だいじ》な話《はなし》だけど、大勢《おおぜい》の人《ひと》がいるときに他人《たにん》に聞《き》こえるような声《こえ》で話《はな》すのはやめたほうがいいよ。
電車《でんしゃ》やバスの中《なか》
教室《きょうしつ》や人《ひと》ごみの中《なか》
なぜかというと、プライベートゾーン(➡19ページ)に関《かか》わることだから!!
わかったかな? じゃあ、約束《やくそく》してね。
ハーイ
やくそく
でさ、ブンちゃん、教《おし》えてくれよ。白《しろ》い血《ち》の正体《しょうたい》をさ!!

男《おとこ》の子《こ》の“おちんちん”って、どうなっているの？

　男《おとこ》の子《こ》のおちんちんは、体《からだ》の外《そと》に出《で》ているから、見《み》たりさわったりしやすいね。やわらかくて守《まも》られていない部分《ぶぶん》だから、ぶつけたり、きずつけたりしないように気《き》をつけよう。

外性器《がいせいき》と内性器《ないせいき》

外性器《がいせいき》

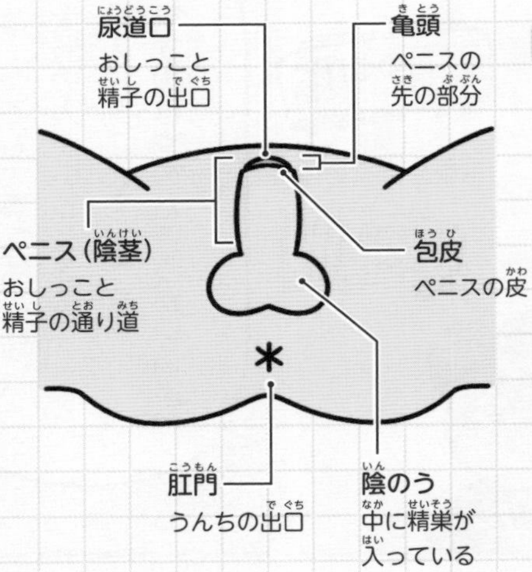

ペニスは、おちんちんのこと。おしっこのほかに、命《いのち》のもとになる精子《せいし》が出《で》るところでもある。陰《いん》のうは、きんたまのことで、ぶつけるととても痛《いた》い。

内性器《ないせいき》を横《よこ》から見《み》たところ

精巣《せいそう》（こうがん）は、精《せい》子《し》をつくるところ。精管《せいかん》は、精巣《せいそう》とペニスをつなぐ道《みち》。前立腺《ぜんりつせん》と精《せい》のうは、精子《せいし》といっしょになって精液《せいえき》をつくるところだよ。

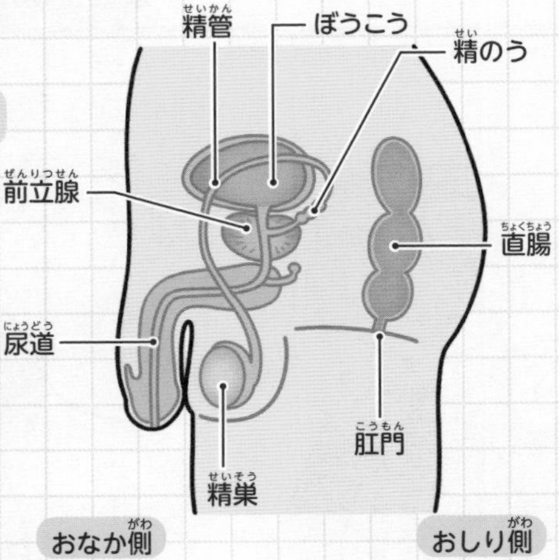

おふろでの洗《あら》い方《かた》

❶お湯《ゆ》をかける。
❷包皮《ほうひ》を少《すこ》しずつ、おなかのほうへゆっくりひく。
❸ペニスの先《さき》と包皮《ほうひ》の間《あいだ》をやさしく洗《あら》ってお湯《ゆ》で流《なが》す。よごれがたまりやすいところだからていねいに洗《あら》おう。
❹包皮《ほうひ》をもとにもどす。
❺ペニスと陰《いん》のうを洗《あら》う。陰《いん》のうのうら側《がわ》やおしりも忘《わす》れないように！

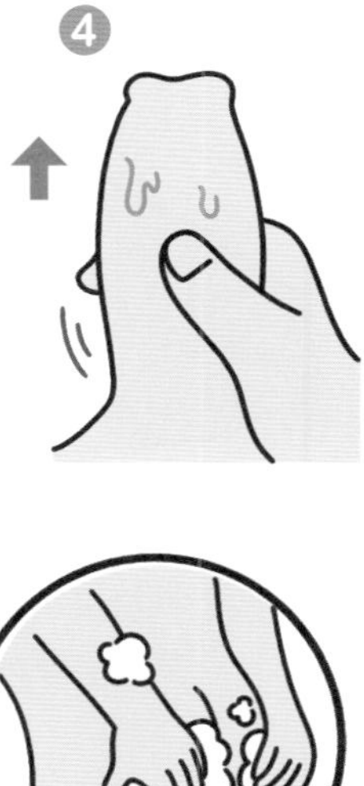

気《き》をつけて！

包皮《ほうひ》を一気《いっき》にひっぱっるのはダメ！　おふろのたびに何度《なんど》もくり返《かえ》すことで、少《すこ》しずつ皮《かわ》がのびるようになるよ。

肛門《こうもん》の周《まわ》りもていねいに洗《あら》う。

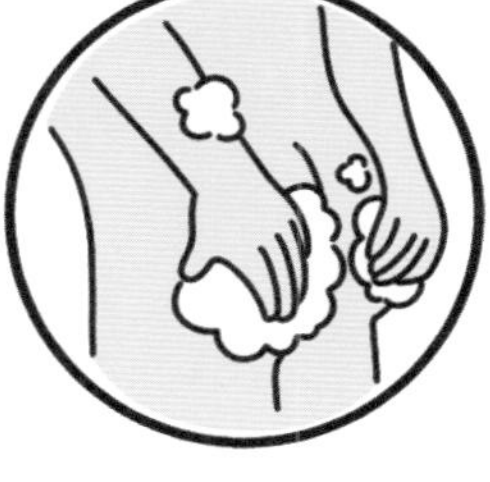

トイレでのふき方《かた》

うんちのとき

うんちがペニスや陰《いん》のうにつかないように、前《まえ》から後《うし》ろへふきとる。

おちんちんはとってもデリケートなところ。やさしくさわろうね。

《保護者のかたへ》生まれたばかりの赤ちゃんのペニスは、包皮におおわれています。さまざまな考え方がありますが、乳幼児期の包皮をむく行為（むきむき体操）は、多くのトラブルになる可能性がありますのでやめたほうがよいでしょう。

“ぼっき”って何《なに》？　“射精《しゃせい》”って何《なに》？

ぼっきすると、おちんちんがかたくなる

いつもは、ふにゃふにゃしているおちんちんだけど、かたくなるときがあるのはどうしてだろう？　それは、セックス（➡90ページ）で赤《あか》ちゃんをつくるとき、精子《せいし》を子宮《しきゅう》の中《なか》にとどけるためなんだよ。

なんでかたくなるの？

目《め》覚《ざ》めたとき

エッチな気分《きぶん》になったとき

こすれたり、ぶつかってしげきをうけたとき

トン

赤《あか》ちゃんもぼっきするんだよ！
オレかわいいな！

おちんちんをさわったり、性的《せいてき》なものを見聞《みき》きしたり想像《そうぞう》したりすると、大量《たいりょう》の血液《けつえき》がおちんちんに集《あつ》まってかたくなるんだ。自分《じぶん》の気持《きも》ちとは関《かん》係《けい》なく、物理的《ぶつりてき》なしげきでぼっきすることもあるよ。

射精《しゃせい》のしくみ

①～⑤の順《じゅん》で、ぼっきしたおちんちんから精液《せいえき》が体《からだ》の外《そと》に出《で》るのが射精《しゃせい》だよ。精液《せいえき》は、ねばねばとした白《しろ》い液体《えきたい》で、その中《なか》にたくさんの精子《せいし》がまじっているんだ。初《はじ》めての射精《しゃせい》を精通《せいつう》というよ。

❺精液《せいえき》

1回《かい》の射精《しゃせい》で出《で》る精《せい》液《えき》の中《なか》に、数千万《すうせんまん》～3億個《おくこ》の精子《せいし》が入《はい》っている。

ぼうこう

おしっこがたまるところ。

❷精管《せいかん》

精巣《せいそう》でつくられた、精子《せいし》の通《とお》り道《みち》。

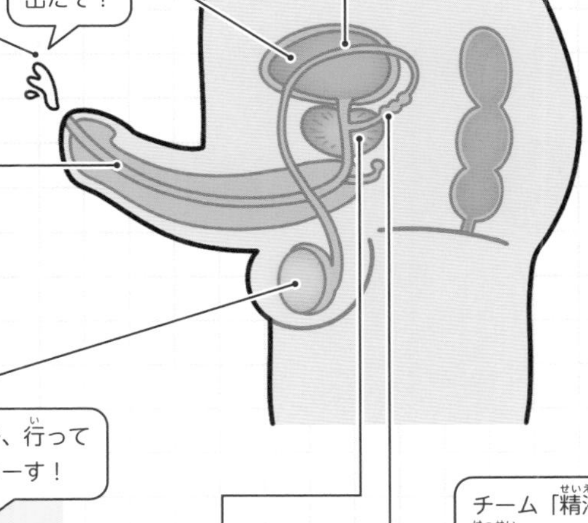
出《で》たぞ！

❹尿道《にょうどう》

精液《せいえき》が、尿道《にょうどう》を通《とお》ってペニスの先《さき》へ！

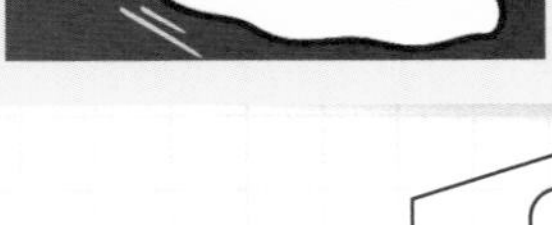

❶精巣《せいそう》

毎日《まいにち》、精巣《せいそう》で精子《せいし》がつくられている。その数《かず》、約《やく》1億《おく》個《こ》！　ぼっきすると、精子《せいし》が精《せい》管《かん》へと出《で》ていく。

精子《せいし》、行《い》ってきまーす！

❸前立腺《ぜんりつせん》　精《せい》のう

前立腺《ぜんりつせん》や精《せい》のうでつくられた液体《えきたい》と精子《せいし》がまざって精《せい》液《えき》となる。

チーム「精液《せいえき》」結成《けっせい》！

ブンちゃんのおなやみ相談室《そうだんしつ》２

Q しつもん　どうしよう、朝起《あさお》きたらパンツに精液《せいえき》が！

A おこたえ　びっくりしちゃうよね。それは、夢精《むせい》といって、ねている間《あいだ》に射精《しゃせい》していたんだ。生理現象《せいりげんしょう》だから心配《しんぱい》することはないよ。よごれたパンツは洗《せん》たく機《き》に入《い》れる前《まえ》に、自分《じぶん》で水洗《みずあら》いしておこうね。

Q しつもん　ほうけいって何《なに》!?　病気《びょうき》なの？

A おこたえ　ほうけいは、おちんちんの先《さき》の部分《ぶぶん》が皮《かわ》におおわれた状態《じょうたい》のことで、病気《びょうき》じゃないよ。赤《あか》ちゃんのときはみんなほうけいなんだ。おちんちんを洗《あら》うとき（➡37ページ）に皮《かわ》をやさしくひっぱるようにしていれば、先《さき》の部分《ぶぶん》が出《で》るようになるから大丈夫《だいじょうぶ》。皮《かわ》をひっぱらなくても、最初《さいしょ》から先《さき》の部分《ぶぶん》が出《で》ている場合《ばあい》もあるよ。

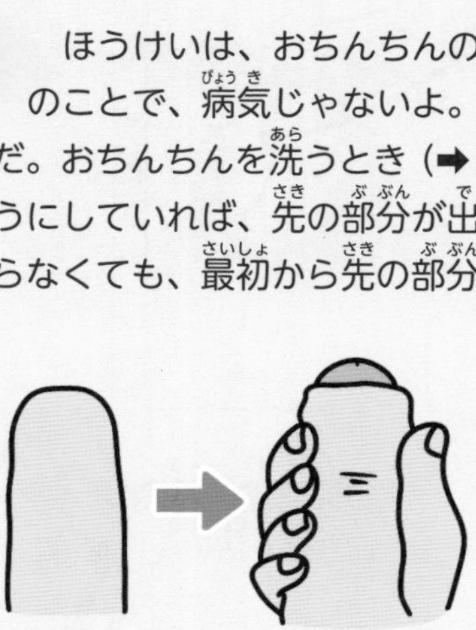

皮《かわ》におおわれている状態《じょうたい》

皮《かわ》におおわれていない状態《じょうたい》

《保護者のかたへ》皮がくっついていて、引っ張ろうとすると痛みを生じるような場合は、まずは小児科でご相談ください。

Q しつもん　学校《がっこう》で、急《きゅう》にぼっきしちゃったらどうしよう？

2×2
4!!

A おこたえ　そんなときは深呼吸《しんこきゅう》をしたり、まったく関係《かんけい》のないことを考《かんが》えたりして、気持《きも》ちを落《お》ち着《つ》けよう。簡単《かんたん》な計算《けいさん》をひたすらしてみるというのもいいよ。上着《うわぎ》やかばんなどで、他《ほか》の人《ひと》に見《み》えないようにするといいんじゃないかな。

Q しつもん　おしっこと精液《せいえき》ってまざらないの？

A おこたえ　おしっこと精液《せいえき》は、同《おな》じところ（尿道口《にょうどうこう》➡36ページ）から出《で》るから、まざりそうだよね。でも大丈夫《だいじょうぶ》。射精《しゃせい》のときは、ぼうこう（おしっこをためるところ）の近《ちか》くにある筋肉《きんにく》がしまって、おしっこが出《で》ないようになっているからまざることはないよ。

おしっこさん
今《いま》はストップです!
とまれ
精液《せいえき》さん
どうぞ〜。

“セルフプレジャー”って知《し》っているかな？

せるふぷれじゃあ？
うーんとね…自分《じぶん》を喜《よろこ》ばせるっていう意味《いみ》かしら。
じゃあ、ゲームをするのとかもそうかな？
ノンノン、それ、チガーウ!!
性的《せいてき》な快感《かいかん》を得《え》るコトよ。
せいてき かいかん？
待《ま》ってました、ブンの出番《でばん》♫♫

セルフプレジャーをするのは自然《しぜん》なこと！

自分《じぶん》のおまたやおちんちんをさわっていたら、なんとなく気持《きも》ちがよくなった、という経験《けいけん》をしたことはないかな。こんなふうに、気持《きも》ちよさを感《かん》じるために、自分《じぶん》で自分《じぶん》の性器《せいき》をさわることをセルフプレジャー（マスターベーション）というよ。

守《まも》ってほしい約束《やくそく》

セルフプレジャーをするときは

1. ひとりになれる安全《あんぜん》な場所《ばしょ》で
2. 手《て》をきれいにしてから
3. 性器《せいき》を、強《つよ》い力《ちから》でこすらない

自分《じぶん》の性器《せいき》をさわることは、悪《わる》いことでもはずかしいことでもないよ。とても自然《しぜん》なことで、男女《だんじょ》の性別《せいべつ》に関係《かんけい》なく多《おお》くの人《ひと》がしていることだからね。

ただ、したくなければ無《む》理《り》にする必要《ひつよう》はないし、とても個人的《こじんてき》なことだから人《ひと》前《まえ》では話《はな》さないでね。

自分《じぶん》の体《からだ》を大切《たいせつ》にしよう！

ブーンちゃん、あれ？ねてるのかな。
今《いま》のうちに、きれいにみがいてあげよう。
ひょいっ
つるっ
あっっっっ!!
あぶなーーーい!!
ぽ
カポ
ふうっ～
よく
ねた
んっ
ブンは落《お》ちたくらいじゃなんともないけどね。じょうぶだから。でもね…。
人間《にんげん》はちがうよ。デリケートな生《い》き物《もの》だからね。自分《じぶん》の体《からだ》を大事《だいじ》にしようね。
はーい!
よかったぁ

みんなの体《からだ》は、ひとりひとりちがう

地球《ちきゅう》には約《やく》80億人《おくにん》もの人《ひと》がいるのに、だれひとりとして同《おな》じ人《ひと》はいない。顔《かお》がちがうし、体《からだ》の大《おお》きさも、かみの毛《け》の色《いろ》も。もちろん性器《せいき》の形《かたち》や大《おお》きさも。性格《せいかく》だって考《かんが》えることだって、ひとりひとりちがうよね。世界《せかい》でたったひとつのきみだけの体《からだ》を大切《たいせつ》にしよう。

自分《じぶん》の体《からだ》を守《まも》る方法《ほうほう》は？

少《すこ》しずつ大人《おとな》になっていく過程《かてい》で、これからきみたちは、体《からだ》や心《こころ》、性《せい》のさまざまななやみにぶつかるはず。そんなとき、自分《じぶん》の体《からだ》を大切《たいせつ》にすることをいちばんに考《かんが》えられるようになろう。

性《せい》の正《ただ》しい知識《ちしき》を得《え》るには？

まわりの大人《おとな》や、お兄《にい》さん、お姉《ねえ》さんに聞《き》いてみる

う〜んと…

大人《おとな》がみんなくわしいわけじゃないよ。その人《ひと》の答《こた》えはその人《ひと》の体験《たいけん》でしかないから、聞《き》く方《ほう》の人《ひと》にも注意《ちゅうい》が必要《ひつよう》なんだ。

インターネットやSNS《エスエヌエス》で調《しら》べる

5年前《ねんまえ》の
情報《じょうほう》だ…

ネット上《じょう》にはすぐにそれらしい答《こた》えが出《で》てくるけれど、本《ほん》当《とう》に正《ただ》しいのか、自分《じぶん》に合《あ》っているのかを見極《みきわ》めるのはむずかしいよ。どんな人《ひと》が、いつ書《か》いた内容《ないよう》なのかをよく確《たし》かめる必要《ひつよう》があるよ。

お医者《いしゃ》さんや、保健室《ほけんしつ》の先生《せんせい》などに聞《き》く

正《ただ》しい知識《ちしき》をもっている専《せん》門家《もんか》の言葉《ことば》なら、まちがいなし！

複数《ふくすう》の本《ほん》で調《しら》べる

自分《じぶん》で調《しら》べるなら、図書館《としょかん》にある本《ほん》がいいよ。ポイントは、何《なん》さつか読《よ》んでみることと、できるだけ新《あたら》しい本《ほん》を選《えら》ぶことだよ。

正《ただ》しい情報《じょうほう》や知識《ちしき》が、自分《じぶん》の身《み》を守《まも》る助《たす》けになってくれるよ！

性器《せいき》や体《からだ》の成長《せいちょう》のことで、心配《しんぱい》なときは…

かぜをひいたら内科《ないか》、虫歯《むしば》なら歯科《しか》、というように、性器《せいき》のことで心配《しんぱい》なことがあるときは、男《おとこ》の子《こ》は泌尿器科《ひにょうきか》、女《おんな》の子《こ》は婦人科《ふじんか》や産婦《さんふ》人科《じんか》へ行《い》くようになるよ。覚《おぼ》えておいてね。

ブンブンブン～♪
ぶんぶく、ぶんぶく、ブンブンブブ～ン♪
ブンはね、ブンのことを大切《たいせつ》にしてくれる人《ひと》を幸《しあわ》せにする茶《ちゃ》がまです。
古道具屋《ふるどうぐや》さんでパパさんがブンを持《も》ち帰《かえ》って、大事《だいじ》にかざってくれたり、
えっ？
ママさんが、毎日《まいにち》きれいにしてくれたり、
ぼふっ
ぼふっ
雑《ざつ》…

パシャッ
ユズ姉《ねえ》は、ブンの写真《しゃしん》をとってくれるし、
ゲラゲラ
ナツメとチャコは、毎日《まいにち》おもしろい話《はなし》を聞《き》かせてくれるし…。
この家《いえ》の人《ひと》たちみんなが、ブンを大切《たいせつ》にしてくれているんです。
だから…
ブンちゃん、いろいろ教《おし》えてくれてサンキュー!!
バイバイ
じゃあね！
またいつか、困《こま》ったことがあったら教《おし》えてね。
え
まだまだ続《つづ》きがあるんだけど!! ブンはもっといろいろ教《おし》えて、ふたりをもっともっと幸《しあわ》せにしたいんだよおっ。
スタ
スタ

今《いま》、自分《じぶん》の体《からだ》や心《こころ》について気《き》になっていることはないかな？

コラム1

人《じん》体《たい》のふしぎクイズ

人《ひと》の体《からだ》や成長《せいちょう》は、ふしぎなことだらけ。
どれだけ答《こた》えられるか、クイズにちょうせんしてみよう！

Q1

赤《あか》ちゃんの骨《ほね》の数《かず》は、
約《やく》300本《ぼん》あるよ。
大人《おとな》の骨《ほね》の数《かず》は？

❶ 200本《ぼん》
❷ 300本《ぼん》
❸ 400本《ぼん》

Q2

おならをずーっとがまんし続《つづ》けると、どうなる？

❶ うんちの量《りょう》がふえる
❷ おしっこの色《いろ》が変《か》わる
❸ 口《くち》がくさくなる

Q3

一日《いちにち》の中《なか》で、いちばん背《せ》が高《たか》いときがあるよ。
それはいつ？

❶ 朝《あさ》
❷ 昼《ひる》
❸ 夜《よる》

Q4

女《おんな》の子《こ》はお母《かあ》さんのおなかにいるときから、決《き》まった数《かず》の卵子《らんし》を持《も》っているよ。それは何《なん》個《こ》くらい？

❶ 70個《こ》
❷ 700個《こ》
❸ 700万《まん》個《こ》

Q5

男《おとこ》の子《こ》の精子《せいし》の形《かたち》は、
ある生《い》き物《もの》に似《に》ているよ。
それは何《なに》かな？

❶ ひよこ
❷ おたまじゃくし
❸ いか

Q6

汗《あせ》のもとになっているのは何《なに》かな？

❶ 胃液《いえき》
❷ 鼻水《はなみず》
❸ 血液《けつえき》

クイズの答《こた》え　Q1 ❶　Q2 ❸　Q3 ❶　Q4 ❸　Q5 ❷　Q6 ❸

PART 2

体《からだ》と心《こころ》の健康《けんこう》を守《まも》ろう

体《からだ》は、食《た》べた物《もの》でできている！

えっ、ブンちゃん？ブーンちゃん？どうしたの？
ブンちゃーん!!
ぐわん
ぐわん
しっ、しぶーいお茶《ちゃ》と、あまいおかしを…。できれば、つぶあんのやつで…。
あわわ…
そして
はあ、生《い》き返《かえ》りました!!
200年《ねん》ぶりに動《うご》いて、エネルギー切《ぎ》れになっちゃったみたいです。
助《たす》けてくれてありがとう。
パカ
お礼《れい》です
す…っ
頭《あたま》からアイスが!?
しかも、カチコチ!! 溶《と》けてない!!
なんで!?
その中《なか》どうなってるの??
本当《ほんとう》にアイス??
食《た》べていいの??
うめ〜

食《た》べたものがエネルギーになる！

食《た》べたものは、体《からだ》を動《うご》かすエネルギーや体《からだ》をつくる材料《ざいりょう》になるよ。だから、食事《しょくじ》をとると元気《げんき》が出《で》るんだね。きみはどんなものをどんなふうに食《た》べているかな？

ぐぅ…

ごちそうさま！

しっかり食《た》べていないと…

- 力《ちから》が出《で》ない。
- しっかり考《かんが》えられない。
- イライラしやすい。
- 病気《びょうき》にかかりやすくなる。

しっかり食《た》べていると…

- 力《ちから》が出《で》る。
- しっかり考《かんが》えられる。
- 気持《きも》ちが安定《あんてい》する。
- 病気《びょうき》にかかりにくくなる。

食《た》べた物《もの》は、最短《さいたん》24時間《じかん》でうんちになる！

口《くち》から入《はい》った食《た》べ物《もの》は、栄養《えいよう》を取《と》りこみやすいように、胃《い》や十二指腸《じゅうにしちょう》で消化《しょうか》されるよ。さらに、小腸《しょうちょう》で食《た》べ物《もの》の栄養《えいよう》を取《と》りこんで、その残《のこ》りから大腸《だいちょう》でうんちが作《つく》られるんだ。その間《かん》およそ24～48時間《じかん》。うんちになるまで1日以上《にちいじょう》かかるんだね。

17ページも見《み》てね！

さあ、何《なに》をどうやって食《た》べる?

バランスよく食《た》べる

食《た》べ物《もの》は体《からだ》の中《なか》で、それぞれちがうはたらきをしているから、バランスよく食《た》べることが大事《だいじ》なんだよ。

手《て》、短《みじか》い!
ポテチ
×バツ
おやつは、食事《しょくじ》の代《か》わりにはなりません!

血《ち》や肉《にく》など、体《からだ》をつくる食《た》べ物《もの》

肉《にく》・魚《さかな》・卵《たまご》・大豆《だいず》

など

栄養素《えいようそ》

たんぱく質《しつ》

体《からだ》や脳《のう》のエネルギーになる食《た》べ物《もの》

ご飯《はん》・パン・めん類《るい》・いも・油《あぶら》・バター

など

OIL

栄養素《えいようそ》

炭水化物《たんすいかぶつ》・脂質《ししつ》

体《からだ》の調子《ちょうし》を整《ととの》える食《た》べ物《もの》

野菜《やさい》・大豆《だいず》・きのこ・くだもの・牛乳《ぎゅうにゅう》・海藻《かいそう》・小魚《こざかな》

など

栄養素《えいようそ》

ビタミン・ミネラル

1日《にち》3食《しょく》、決《き》まった時間《じかん》に食《た》べる

朝《あさ》ご飯《はん》も
しっかり
食《た》べよう！
もぐ
もぐ

おやつは決《き》まった時間《じかん》に決《き》まった量《りょう》だけ食《た》べる

NO《ノー》!
おやつの
だらだら食《た》べ
パリ
パリ
ポテチ

よくかんで、ゆっくり食《た》べる

よくかんで食《た》べると、消化《しょうか》・吸収《きゅうしゅう》がよくなるよ。食《た》べすぎ防止《ぼうし》にもなるんだ。

NO《ノー》!
早食《はやぐ》い
ガッ
ガッ

ブンちゃんのおなやみ相談室《そうだんしつ》③

Q しつもん 野菜《やさい》なんて食《た》べたくない！

A おこたえ でもね、野菜《やさい》は栄養《えいよう》が豊富《ほうふ》でほかの食《た》べ物《もの》にはない栄養《えいよう》もあるから、ぜひ食《た》べてほしいな。たとえば、ピーマンがいやだったら、似《に》た野菜《やさい》のパプリカに挑戦《ちょうせん》してみるのはどう？　ピーマンよりは苦《にが》みが少《すく》ないよ。

無理《むり》してきらいなものを食《た》べることはないけれど、たまにトライしてみよう。体《からだ》が成長《せいちょう》すると味覚《みかく》も変《か》わっていくから、「おいしい」って思《おも》うときが来《く》るかもしれないぞ。

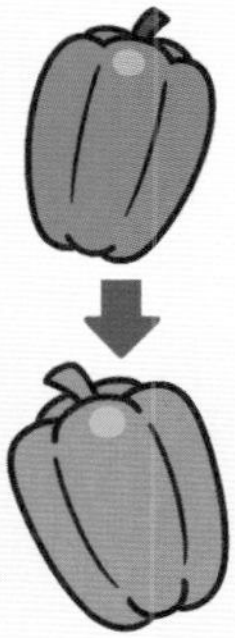

いいうんちって、どんなうんち？

うんちだよ～。
うんこだろ!!
やだ、うんこってかわいくないもん。
ねえ、パパ？
Wat《なに》？
Unchi《うんち》？ Unko《うんこ》？
Begrepen《わかりました》!!
ソレ、大《だい》便《べん》ね。
BIG BEN
ゲッ、もっとかわいくない…。
じゃあ、大人《おとな》がするのが大便《だいべん》で、子《こ》どもがうんこ、赤《あか》ちゃんがするのがうんちってことにする？
ポンッ
ええっ、そんな分《わ》け方《かた》？
何《なん》でもいいけど……。えっとえっと…。みんなは、いいうんこっちしてるかな？
うんこっち？
何《なに》言《い》ってるの？

うんちは何《なに》からできている？

いらないものだけど、役立《やくだ》つもの

うんちは、食《た》べ物《もの》の残《のこ》りかすでできているけれど、そのほとんどが水分《すいぶん》なんだ。うんちは、そのときの体調《たいちょう》を教《おし》えてくれる大事《だいじ》なものだよ。毎回《まいかい》、形《かたち》・色《いろ》・においをチェックする習慣《しゅうかん》をつけよう。

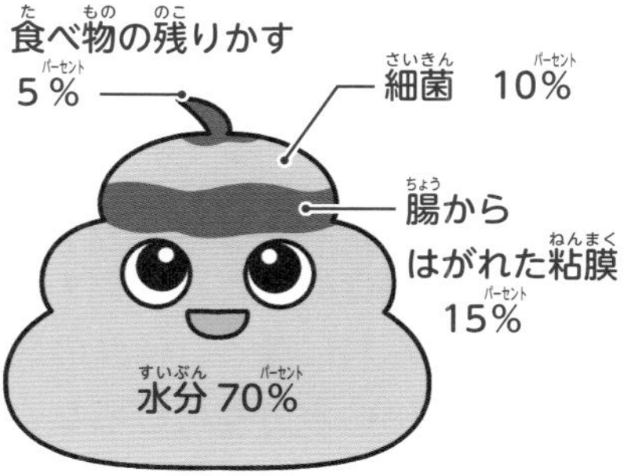

うんちのここをチェック！

出《で》る回数《かいすう》は？

1日《にち》1回《かい》

おなかの調子《ちょうし》がいいね。

2、3日《にち》に1回《かい》

これ以上《いじょう》、間《あいだ》が長《なが》くあかないように気《き》をつけよう。

1週間《しゅうかん》に1回以下《かいいか》

うんちが出《で》るように対策《たいさく》（➡59ページ）をとろう。

形《かたち》やかたさは？

バナナみたいな形《かたち》のやわらかいうんち

おなかの調子《ちょうし》がいいね。

ころころとしたかたいうんち

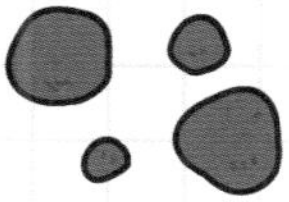

便秘《べんぴ》
（➡58ページ）

水《みず》っぽい、ビシャビシャしたうんち

げり
（➡58ページ）

《保護者のかたへ》便秘や下痢の症状が1か月以上続く、もしくは、本人がそのことで生活しづらくなっている場合は、小児科に相談をしてください。

めざそう、スッキリうんち！

うんちは大腸《だいちょう》で作《つく》られる

うんちは、大腸《だいちょう》（➡17ページ）で作《つく》られるよ。大腸《だいちょう》でちょうどいい水《すい》分《ぶん》に調整《ちょうせい》されると、バナナみたいないいうんちになる。何《なに》かの理由《りゆう》でちょうどいい水分量《すいぶんりょう》にならないと、便《べん》秘《ぴ》やげりになるんだ。どちらも体《からだ》によくない状態《じょうたい》だよ。

大腸《だいちょう》だよ
毎日《まいにち》、うんち
作《つく》ってます！

便秘《べんぴ》

何日《なんにち》もうんちがで出《で》ない状態《じょうたい》。おなかがはって痛《いた》くなることもある。

原因《げんいん》は？

- ストレスや緊張《きんちょう》
- 運動不足《うんどうぶそく》
- うんちのがまんしすぎ

など

げり

おなかが痛《いた》くなって、水《みず》っぽいうんちが出《で》る状態《じょうたい》。

原因《げんいん》は？

- 冷《つめ》たいものや油《あぶら》っこいもののとりすぎ
- かぜ・食中毒《しょくちゅうどく》などの体調不良《たいちょうふりょう》
- ストレスや緊張《きんちょう》

など

スッキリうんちを出《だ》す方法《ほうほう》

- 朝《あさ》起《お》きたら、コップに１ぱいの水《みず》を飲《の》む。

- 朝《あさ》ご飯《はん》をしっかり食《た》べる。
- よくかんで食《た》べる。
- よく運動《うんどう》する。
- おなかの調子《ちょうし》を整《ととの》える食物《しょくもつ》繊《せん》維《い》の多《おお》い食品《しょくひん》をとる。

- 水分《すいぶん》をとる。
- うんちをしたくなったときは、がまんしない。

便意《べんい》を感《かん》じるのは、１日《にち》１、２回《かい》しかないよ！

- うんちが出《で》そうになくても、毎朝《まいあさ》トイレでうんちをする時間《じかん》を作《つく》る。

おならの正体《しょうたい》は？

おならも肛門《こうもん》から出《で》るよね。その正《しょう》体《たい》は、大腸《だいちょう》で発生《はっせい》したガス。食《た》べ物《もの》の残《のこ》りかすを細菌《さいきん》が分解《ぶんかい》したときにできるんだ。だから、おならがくさいとうんちもくさいし、おならがくさくないとうんちもそんなにくさくないんだ。

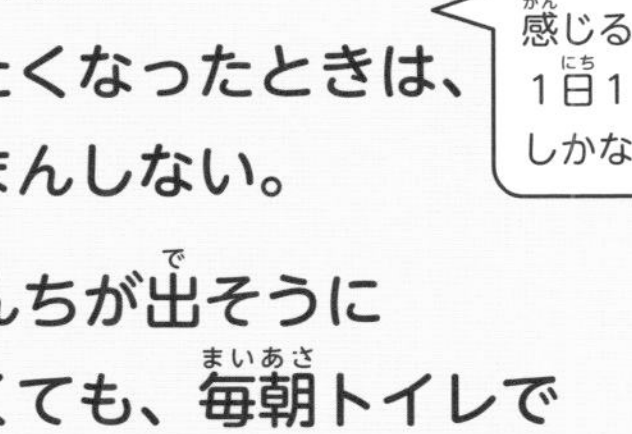

体《からだ》を休《やす》めるって、どういうこと？

わーっ
ドタ
ふわぁ〜、ブンはもうねるからね。
ドタ
ぎゃーっ
ぐぅ ぐぅ…
まだねむいの〜。
起《お》きて!!
ぐいっ!!
わっ!!
グガーグガー
朝《あさ》だよ!!
どかっ
ぐ〜
ぎゃ
もぅ知《し》らなーい!!
ねるのは大事《だいじ》だけど、
ぺーッ
どんなふうにねるかっていうことも大事《だいじ》なんだぞ!!

よくねて、よく遊《あそ》ぼう！

休《やす》むことと体《からだ》を動《うご》かすこと、生活《せいかつ》するうえでどちらも大切《たいせつ》なことだよ。よく休《やす》むと元気《げんき》に体《からだ》を動《うご》かせるし、体《からだ》をよく動《うご》かすとよくねむれるようになる。バランスよく規則的《きそくてき》に生活《せいかつ》することが、じょうぶな体《からだ》をつくるんだ。

● 一日《いちにち》のつかれがとれる
● 記憶《きおく》が整理《せいり》される
● 成長《せいちょう》ホルモンがたくさん出《で》て、骨《ほね》や筋肉《きんにく》が大《おお》きくなる

● 骨《ほね》や筋肉《きんにく》が強《つよ》くなる
● 肥満《ひまん》が防《ふせ》げる
● 血《ち》のめぐりがよくなる

など

ねる子《こ》は“成長《せいちょう》ホルモン”で育《そだ》つ

骨《ほね》や筋肉《きんにく》を大《おお》きくする、太《ふと》りにくくする、肌《はだ》をきれいにする、きずを治《なお》す…これらは全部《ぜんぶ》、成長《せいちょう》ホルモンのはたらきによるものだよ。こんないいことだらけの成長《せいちょう》ホルモンは、ねている間《あいだ》にしか出《で》ない。「ねる子《こ》は育《そだ》つ」は本当《ほんとう》なんだ。ちなみに、量《りょう》はへるけど大人《おとな》にもあるホルモンだよ。

よいすいみんとは、ぐっすりねむること

同《おな》じ時間《じかん》にねて、同《おな》じ時間《じかん》に起《お》きる

生活《せいかつ》のリズムを
つくろう

すいみん時間《じかん》は、9〜11時間必要《じかんひつよう》

6時《じ》に起《お》きるから…
え？
9時《じ》には
ねなきゃ！

ねる3時間前《じかんまえ》までに夕食《ゆうしょく》をすませる

おなかがいっぱいのままねると
消化《しょうか》によくないよ
ゲプーッ

ねる1、2時間前《じかんまえ》までにおふろに入《はい》る

おふろの後《あと》すぐは
体《からだ》がほてっていて
ねむりにくいよ
ポッ
ポッ

ねる直前《ちょくぜん》に、スマホやゲームの画面《がめん》を見《み》ない

こうふんして
目《め》が覚《さ》めちゃうよ！

これもポイント！
朝《あさ》起《お》きたときに、
太陽《たいよう》の光《ひかり》を浴《あ》びると
体《からだ》のリズムが整《ととの》うよ。

目《め》や耳《みみ》も休《やす》ませよう

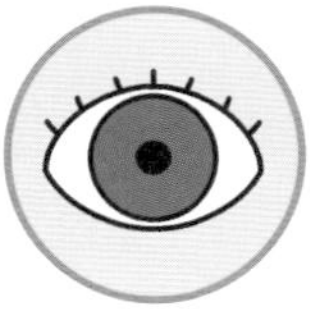

画面《がめん》を見《み》たり本《ほん》を読《よ》んだりするとき

気《き》をつけて!

- 30cm 以上《いじょう》、目《め》をはなす。
  近《ちか》くのものをじっと見《み》ていると、遠《とお》くのものを見《み》たときにピントが合《あ》いにくくなるんだ。
- 30分《ぷん》に1回休《かいきゅう》けいをとる。
  6m先《さき》を20秒《びょう》ほどながめよう。
- 意識的《いしきてき》に、ぱちぱちとまばたきをする。
- 姿勢《しせい》を正《ただ》して見《み》る。

イヤホン・ヘッドホンを使《つか》うとき

気《き》をつけて!

- 音量《おんりょう》を上《あ》げすぎない。
- 長時間《ちょうじかん》使《つか》い続《つづ》けない。

WHO《ダブルエイチオー》（世界保健機関《せかいほけんきかん》）では、イヤホン・ヘッドホンを使《つか》うのは1日《にち》1時間《じかん》までにしたほうがいいとしているよ。

外《そと》を歩《ある》くときや自転車《じてんしゃ》に乗《の》るときは、周《まわ》りの音《おと》が聞《き》こえづらくなって危《あぶ》ないから、使《つか》わないでね。

体《からだ》はいつも清潔《せいけつ》に！

ねえ、ちゃんとふろ入《はい》った？
えっ
入《はい》ったよ？
くさい？
くんくん
ええっ、カエデ、姉《ねえ》ちゃんとふろ入《はい》ったのかよ!!
はっ!?
ぼく、姉《ねえ》ちゃんはいないよ？
あれ…、そうだっけ？
ちっ
ねぇちゃんとフロ入《はい》った？
ナツメのアホ…。
そうそう、体《からだ》は清潔《せいけつ》にね。これ大事《だいじ》!!

守《まも》ろう!! “清潔《せいけつ》” 4か条《じょう》

1 おふろ

体《からだ》がきれいになってさっぱりして、気分《きぶん》もすっきりするのがおふろ。おふろに入《はい》りながら、自分《じぶん》の体《からだ》の成長《せいちょう》や変化《へんか》を観察《かんさつ》したり、一日《いちにち》のことをふり返《かえ》ってみたりするのもいいね。

おふろの効果《こうか》

- 清潔《せいけつ》を保《たも》つ
- リラックス&リフレッシュ
- 体《からだ》が温《あたた》まる
- 血液《けつえき》の流《なが》れが良《よ》くなる
- ねつきがよくなる

きちんと洗《あら》おう

頭《あたま》・わき
おまたやおちんちん・
おしり・足《あし》の指《ゆび》　など

思春期《ししゅんき》には、体臭《たいしゅう》（体《からだ》のにおい）が強《つよ》くなるから、いつもきれいにしていよう。

あかは古《ふる》い皮《ひ》ふ！

人《ひと》の体《からだ》は、全身《ぜんしん》が皮《ひ》ふでおおわれているよ。子《こ》どもの皮《ひ》ふは、約《やく》28日間《にちかん》（ターンオーバー）ではがれて、新《あたら》しい皮《ひ》ふに変《か》わるんだ。古《ふる》くなってはがれた皮《ひ》ふが、あかだよ。

② 歯《は》みがき

きみの歯《は》は、もう大人《おとな》の歯《は》に生《は》え変《か》わったかな？　子《こ》どもの歯《は》や、生《は》え変《か》わったばかりの大人《おとな》の歯《は》は、むし歯《ば》になりやすいから、しっかり歯《は》みがきをしよう。

子《こ》どもの歯《は》は、20本《ぽん》、大人《おとな》の歯《は》は、32本《ほん》ある！

食後《しょくご》の歯《は》みがきとフロスでむし歯《ば》を防《ふせ》ぐ

むし歯《ば》きんは、歯《は》についている食《た》べ物《もの》の残《のこ》りかすをえさにしているよ。特《とく》にあまいもの食《た》べた後《あと》に残《のこ》る糖分《とうぶん》が大好《だいす》きなんだ。

歯《は》のみがき方《かた》とフロスの使《つか》い方《かた》

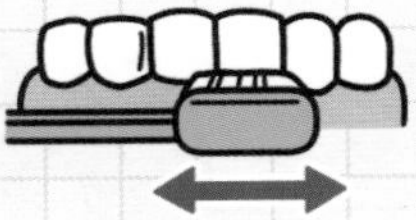

歯《は》ブラシを歯《は》にまっすぐあてて、1、2本《ほん》ごとに細《こま》かく動《うご》かす。

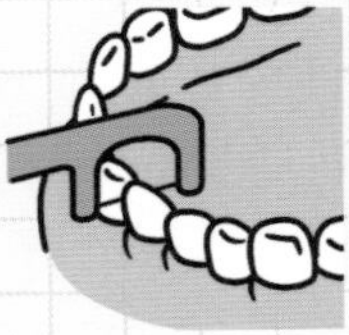

歯《は》と歯《は》の間《あいだ》のよごれは、デンタルフロスを使《つか》って落《お》とす。

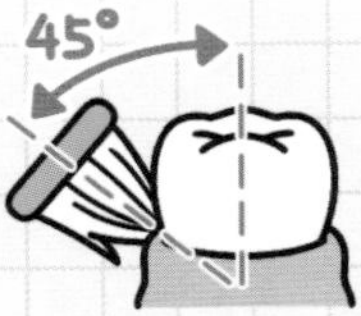

歯《は》と歯《は》ぐきの間《あいだ》は、歯《は》ブラシを45度《ど》の角度《かくど》であてて、細《こま》かく動《うご》かす。

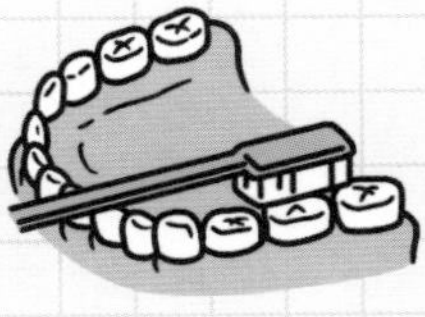

みがきづらいおく歯《ば》もていねいにみがく。

歯《は》みがきで、体《からだ》の健康《けんこう》も守《まも》れる

歯《は》が悪《わる》いと、食《た》べ物《もの》をしっかりかめなくなってしまうよ。歯《は》は内臓《ないぞう》の働《はたら》きにも影響《えいきょう》するとっても大事《だいじ》なもの！　死《し》ぬまで使《つか》う大人《おとな》の歯《は》だから大切《たいせつ》にね。

3 手洗《てあら》い・うがい

外《そと》から帰《かえ》ったら、必《かなら》ずやろう！

手洗《てあら》いのしかた

❶流水《りゅうすい》で手《て》をぬらして、石《せっ》けんをつける。

❷手《て》のひら

❸手《て》のこう

❹指先《ゆびさき》やつめの間《あいだ》

❺指《ゆび》の間《あいだ》

❻親指《おやゆび》

❼手首《てくび》

❽流水《りゅうすい》で石《せっ》けんのあわを流《なが》す。

うがいのしかた

クチュ
クチュ
ペッ！

❶まず、口《くち》をすすぐ。

ガラ
ガラ

❷新《あたら》しい水《みず》で、上《うえ》を向《む》いてうがいをする。

4 身《み》だしなみ

健康《けんこう》でいるためにも、自分《じぶん》が気持《きも》ちよく日々《ひび》を過《す》ごすためにも、身《み》だしなみを整《ととの》えよう。

チェックリスト

- ☑ 朝《あさ》、顔《かお》を洗《あら》った？
- ☑ かみの毛《け》をとかした？
- ☑ ふけは出《で》ていない？
- ☑ 下着《したぎ》やくつ下《した》はきれい？
- ☑ 毎朝《まいあさ》、清潔《せいけつ》な服《ふく》に着《き》がえている？
- ☑ ハンカチとティッシュを持《も》ち歩《ある》いている？
- ☑ 鼻水《はなみず》はティッシュでかんでいる？　服《ふく》でふいちゃだめだよ
- ☑ つめによごれがたまっていない？

清潔感《せいけつかん》は大事《だいじ》！

心《こころ》は体《からだ》とつながっている

もうっ!!
プン
プン
はあっ…
しゅん…
どっ、どうしよう〜。
カチ
カチ
うーん…
ああっ、もうダメだ!!
べたーんっ
あっ、ブンちゃんがたおれた!!
どうしたの!? 何《なに》をなやんでいるの!
どうして ブンが…!!
ブンはしましま ヤロウじゃない!

心《こころ》が不安定《ふあんてい》になる理由《りゆう》は？

自分《じぶん》の体《からだ》や心《こころ》のこと、友《とも》だちのこと、勉強《べんきょう》のことでなやむことが多《おお》くなるのが思春期《ししゅんき》。それに加《くわ》えて、成長《せいちょう》ホルモンや性《せい》ホルモンのバランスがくずれることで、さらに気持《きも》ちがゆれやすくなるよ。

気分転換《きぶんてんかん》は大事《だいじ》！

成長期《せいちょうき》にホルモンの分泌《ぶんぴつ》が活性化《かっせいか》することで、太《ふと》りやすくなったり、ニキビができたりするんだ。気分《きぶん》がふさいだり、家《いえ》の人《ひと》の言葉《ことば》にイライラしちゃうのも、ホルモンのバランスが不安定《ふあんてい》になっているせいなのかもしれないよ。そんな自分《じぶん》に気《き》づいたら、こういう時期《じき》なんだと思《おも》うようにしてみよう。好《す》きなことをして心《こころ》と体《からだ》を落《お》ち着《つ》かせようね。

不安《ふあん》な気持《きも》ちを解消《かいしょう》するには？

心《こころ》は体《からだ》とつながっているよ。気持《きも》ちが落《お》ち着《つ》かないときこそ、規則正《きそくただ》しい生活《せいかつ》をするように心《こころ》がけよう。

基本《きほん》の解消法《かいしょうほう》

早《はや》ね早起《はやお》き、朝《あさ》ごはんと、ほどよい運動《うんどう》

もぐ
もぐ

アクティブ解消法《かいしょうほう》

思《おも》いきり体《からだ》を動《うご》かす

声《こえ》を出《だ》して笑《わら》う

あはは
はは!

好《す》きなことをする

友《とも》だちと遊《あそ》ぶ

自分《じぶん》に合《あ》う方法《ほうほう》を見《み》つけてね！

リラックス解消法《かいしょうほう》

深呼吸《しんこきゅう》

すー
はー

なやみを話《はな》す

あのね
うんうん

日記《にっき》をつける

好《す》きなにおいをかぐ

もふっ
もふっ

やわらかいものにふれる

音楽《おんがく》を聞《き》く

あら、あらいぐまの置《お》き物《もの》なんてめずらしいわね。
チャコ聞《き》いてよ、ブンは立派《りっぱ》なたぬきの茶《ちゃ》がまなの!! あらいぐまなんかじゃないんだから!!
うんうん〜。ブンちゃんは立派《りっぱ》なたぬきだよ〜。
って、どこがちがうんだっけ…?
たぬき
あらいぐま

健康《けんこう》に害《がい》をおよぼすものがある！

ゆず姉《ねえ》、18才《さい》になりました。
今日《きょう》から大人《おとな》よ!!
キラーン
大人《おとな》だから、お酒《さけ》もたばこもオッケーなんだよね。
フーッ
おっとなー。
ブブンブーン!!
18才《さい》から大人《おとな》（成年年令《せいねんねんれい》）だけど、
お酒《さけ》とたばこは20才《さい》になるまでダメ!!
ENERGY
お酒《さけ》もたばこも体《からだ》に害《がい》になることがあるんだ。
そういうものはほかにもあるよ。
健康《けんこう》のために、大人《おとな》になっても自分《じぶん》の体《からだ》を大事《だいじ》にしようね。
はーい！

気《き》をつけて!!　危険《きけん》なもの5選《せん》

1 食《た》べないダイエット

食事量《しょくじりょう》を制限《せいげん》するダイエットはやめよう。思《し》春期《しゅんき》は、背《せ》がのびて大人《おとな》の体《からだ》をつくる大事《だいじ》な時《じ》期《き》なんだ。

背《せ》がのびると自然《しぜん》とすらっとしていくよ。体《たい》重《じゅう》を減《へ》らすのではなく、そのまま維持《いじ》することを心《こころ》がけてみて。

太《ふと》らない工夫《くふう》をする

野菜《やさい》から食《た》べる

よくかんで、早食《はやぐ》いしない

運動《うんどう》をする

肥満度《ひまんど》をチェックしてみよう

体重《たいじゅう》が気《き》になる子《こ》は、計算《けいさん》してみてね。

肥満度《ひまんど》＝（今《いま》の体重《たいじゅう》 − 標準体重《ひょうじゅんたいじゅう》）÷ 標準体重《ひょうじゅんたいじゅう》 × 100（%《パーセント》）

標準体重《ひょうじゅんたいじゅう》＝ a《エー》 × 今《いま》の身長《しんちょう》（cm《センチメートル》）− b《ビー》

a《エー》とb《ビー》には、表《ひょう》の自分《じぶん》の年《ねん》れいのところに書《か》いてある数字《すうじ》をあてはめるよ。

係数《けいすう》／年令《ねんれい》	男《おとこ》		女《おんな》	
	a	b	a	b
8	0.592	48.804	0.561	45.006
9	0.687	61.390	0.652	56.992
10	0.752	70.461	0.730	68.091
11	0.782	75.106	0.803	78.846
12	0.783	75.642	0.796	76.934

《 肥満度《ひまんど》の判定《はんてい》 》

20%《パーセント》以上《いじょう》…軽度肥満《けいどひまん》

30%《パーセント》以上《いじょう》…中等度肥満《ちゅうとうどひまん》

50%《パーセント》以上《いじょう》…高度肥満《こうどひまん》

《保護者のかたへ》 上記の判定は児童期のものです。幼児期・青年期にはあてはまりません。また、大人のBMIの計算方法とは違いますのでご注意ください。

② カフェイン

とりすぎに注意《ちゅうい》！

カフェインはコーヒーやお茶以外《ちゃいがい》に、コーラやココア、チョコレートなどにもふくまれているよ。頭《あたま》をすっきりさせたり、ねむ気《け》を覚《さ》ましたりする効果《こうか》があるけれど、とりすぎは体《からだ》によくないから注意《ちゅうい》してね。

コーヒー
紅茶《こうちゃ》
コーラ
ココア

カフェインをとりすぎると…

めまい、ふるえ、心臓《しんぞう》がどきどきする、不眠《ふみん》、げり、はき気《け》などが起《お》こることがある。

気《き》をつけて！

エナジードリンク

カフェインの量《りょう》が多《おお》いものがあるよ。

ENERGY

③ たばこ

20才《さい》になるまでは絶対《ぜったい》ダメ！

たばこが20才《さい》からと決《き》められているのは、体《からだ》に悪《わる》い有害物質《ゆうがいぶっしつ》がたくさんふくまれているから。

受動喫煙《じゅどうきつえん》といって、他人《たにん》のたばこのけむりを吸《す》いこんでしまうのもよくないんだ。たばこには、くり返《かえ》し吸《す》いたくなる依存性《いぞんせい》があるから、気軽《きがる》な気持《きも》ちで吸《す》い始《はじ》めてはいけないよ。

Tabacco《たばこ》
20歳未満の者の喫煙は、法律で禁じられています。喫煙は、様々な疾病になる危険性を高め、あなたの健康寿命を短くするおそれがあります。ニコチンには依存性があります。

4 アルコール

20才《さい》になるまでは絶対《ぜったい》ダメ！

子《こ》どもがお酒《さけ》を飲《の》むと、脳《のう》の発《はっ》達《たつ》や骨《ほね》の成長《せいちょう》などに悪《わる》い影響《えいきょう》があるよ。大人《おとな》でも一度《いちど》に大量《たいりょう》に飲《の》むと急性《きゅうせい》アルコール中毒《ちゅうどく》になって意《い》識《しき》を失《うしな》う危険《きけん》がある。

依存性《いぞんせい》があるから、飲《の》むのをやめられなくなることもあるんだ。よっぱらうと自分《じぶん》の行動《こうどう》をコントロールできなくなったりもするから、よく考《かんが》えてつき合《あ》う必要《ひつよう》があるよ。

5 危険《きけん》ドラッグ・薬物《やくぶつ》

絶対《ぜったい》にダメ！
法律《ほうりつ》で禁止《きんし》

ドラッグは薬《くすり》という意味《いみ》だけど、危険《きけん》ドラッグは体《からだ》を治《なお》す薬《くすり》とはちがうよ。人間《にんげん》の脳《のう》や体《からだ》をこわす害《がい》のあるこわいものなんだ。こわれてしまった脳《のう》は元《もと》にもどらないし、ドラッグ中毒《ちゅうどく》でなくなってしまうこともある。ドラッグをやめたくてもやめられないで苦《くる》しんでいる人《ひと》がたくさんいるよ。

病気《びょうき》やけがに効《き》く薬《くすり》も、飲《の》みすぎるのはダメ。オーバードーズといって、障《しょう》がいが残《のこ》ることもあるんだ。決《き》められた用量《ようりょう》を守《まも》って正《ただ》しく使《つか》おうね。

やせるよ
カラフルで きれい
きもちいいよ

ドラッグは持《も》っているだけでもダメ！ 警察《けいさつ》につかまるよ。

“自分《じぶん》らしさ”ってどんなこと？

ゴクゴク
オレさ、カエデより背《せ》を大《おお》きくしたいの。でもぜんぜんのびないんだ…。
すごいのみっぷりっ
いつかぬかしてやるんだ！
スズちゃんって、かみの毛《け》がサラッサラなんだよ。
わたしなんか、いつもここがピンッて立《た》っちゃって、うまくまとまらないのに。
ブンちゃん、どうにかして!!
ねぇ！
ねぇ！
なやめる子《こ》どもたちよ。おおいになやむのだポン!!
ポン？
自分《じぶん》のきらいなところばかりに目《め》を向《む》けていては、いいことは起《お》きないのだポン!!
ポンッ!!
ブンは、ポンポコリンのポンのたぬきなのです!!
たぬきです！
あらいぐまじゃないの！

自分《じぶん》の見《み》た目《め》が気《き》になるときは…

ナツメの青《あお》い目《め》、きれいだな。
背《せ》をのばしたいなあ。
すずちゃん、かみがサラサラ、いいな。
チャコは、スタイルがいいなあ。

自分《じぶん》の好《す》きなところを見《み》つける

身長《しんちょう》、体重《たいじゅう》、顔《かお》、かみの毛《け》……、このような生《う》まれもったものを変《か》えるのは簡単《かんたん》なことじゃないね。気《き》にしすぎると、過度《かど》なダイエットにつながったり、自分《じぶん》に自信《じしん》をもてなくなったりしてしまうよ。

自分《じぶん》に自信《じしん》がもてなくなったときは、今《いま》できることに目《め》を向《む》けてみよう。新《あたら》しいことに挑戦《ちょうせん》してみたり、得意《とくい》なことをもっとがんばってみたり。そうするうちに、自分《じぶん》の欠点《けってん》が好《す》きになったり、気《き》にならなくなったりしていくこともあるよ。自分《じぶん》をいちばん大事《だいじ》にできるのは、だれよりも“自《じ》分《ぶん》”だってことを忘《わす》れないでね。

「女《おんな》の子《こ》だから」「男《おとこ》の子《こ》だから」と言《い》われたら…

女《おんな》の子《こ》と男《おとこ》の子《こ》のちがい（➡26・34ページ）は、体《からだ》のつくりだったよね。

そのちがいが「女《おんな》だから」や「男《おとこ》だから」、「女《おんな》のくせに」「男《おとこ》のくせに」という考《かんが》え方《かた》につながって、ふだんの生活《せいかつ》や考《かんが》え方《かた》に影《えい》響《きょう》していることがあるんだ。性別《せいべつ》にとらわれた、社会的《しゃかいてき》な役割《やくわり》をジェンダーというよ。

言《い》われたことある。もやっとした！

たとえば、こんなことを言《い》われたことはないかな？

男《おとこ》の子《こ》だから、黒《くろ》や青《あお》がいいんじゃない？

女《おんな》の子《こ》はおしとやかにしてなさいね。

ふつう、女《おんな》の子《こ》は赤《あか》だよ。

男《おとこ》の子《こ》なんだから、泣《な》かないの！

女《おんな》の子《こ》だから、男《おとこ》の子《こ》だからというアドバイスは、気《き》にしなくていいよ。性別《せいべつ》にとらわれず、自《じ》分《ぶん》がしたいことを選《えら》べばいいんだ。

自分《じぶん》のやりたいこと、好《す》きなことを選《えら》ぶ

ファッション

クラブ活動《かつどう》

進路《しんろ》

仕事《しごと》

性別《せいべつ》へのイメージは、昔《むかし》から続《つづ》いていて、今《いま》でも自由《じゆう》に選《えら》べないことがある。たとえば、サッカー部《ぶ》に入《はい》りたいのに女子《じょし》のサッカー部《ぶ》がなかったり、かわいいものが好《す》きと言《い》ったら「男子《だんし》なのに」と変《へん》な目《め》で見《み》られたり……。でも本来《ほんらい》は、男《おとこ》の子《こ》がやっていることは女《おんな》の子《こ》がやってもいいし、女《おんな》の子《こ》がやっていることは男《おとこ》の子《こ》がやってもいいはずなんだよ。

女《おんな》の子《こ》だから、男《おとこ》の子《こ》だからと言《い》われたことはないかな？

ブンちゃんって、女《おんな》の子《こ》なの、男《おとこ》の子《こ》なの？
ブンはねえ、実《じつ》はどちらでもないんだ。
茶《ちゃ》がまでポンのたぬきだもんね!!
もう200年《ねん》以上《いじょう》生《い》きているからね、子《こ》どもではないけどね。そんなお年寄《としよ》りでもないんだポン!!
よぼぼ…
200才《さい》って、こんな感《かん》じかな？
ブンはブンらしく!! 茶《ちゃ》がまのプライドをもったポンポコリンのたぬきだよ。ふたりも、性別《せいべつ》にとらわれず自分《じぶん》らしさを大事《だいじ》にしてほしいな。
こんなんじゃない？
いや、こうだよ！
きいてる!?
あーだ
こーだ

突撃《とつげき》！インタビュー

性別《せいべつ》を変《か》える生《い》き物《もの》がいる!?

生《い》き物《もの》には性別《せいべつ》が決《き》まっていないものがいるんだよ。たとえば…
雌雄同体《しゆうどうたい》　オス・メス両方《りょうほう》の生殖器官《せいしょくきかん》をもっていること
雄性先熟《ゆうせいせんじゅく》　オスとして成長《せいちょう》した後《あと》、メスに性転換《せいてんかん》する
ええっ、そんなことがあるの!?
性転換《せいてんかん》する クマノミ！
特《とく》に水辺《みずべ》の生《い》き物《もの》に多《おお》く見《み》られるよ。
って、ことで、水族館《すいぞくかん》の人《ひと》に話《はなし》を聞《き》いてみよう！
オスが子《こ》どもを生《う》む!? タツノオトシゴ
クローンが生《う》まれる!? ギンブナ
オスでありメスでもある アメフラシ！
わぁぁぁ！
温度《おんど》で性別《せいべつ》が決《き》まる ウミガメ！

鳥《と》羽《ば》水族館《すいぞくかん》　学芸員《がくげいいん》
杉本幹先生《すぎもとみきせんせい》のプロフィール

田《た》んぼや海辺《うみべ》などの身近《みぢか》な生《い》き物《もの》のほか、遠《とお》くは北極《ほっきょく》のイッカククジラやオーストラリアのカモノハシまで、国内外《こくないがい》で数多《かずおお》くの水辺《みずべ》の生《い》き物《もの》の生態調査《せいたいちょうさ》・研究《けんきゅう》などに参加《さんか》。水族館内《すいぞくかんない》、自然界《しぜんかい》の生《い》き物《もの》たちの生態《せいたい》を撮《さつ》影《えい》し、テレビや雑誌《ざっし》などでその不思議《ふしぎ》な生《せい》態《たい》を紹介《しょうかい》するほか、水族館《すいぞくかん》では生涯学習講《しょうがいがくしゅうこう》座《ざ》や観察会《かんさつかい》なども行《おこな》っている。

大阪府生まれ。大学卒業後、鳥羽水族館に学芸員として勤務。企画広報室で、水族館内や自然界の生き物などの生態についての映像制作、子どもの生涯学習など、水族館への注目度を上げるための企画立案を担当している。著書に『海の生きもの　つかまえたらどうする？』（偕成社）など。

杉《すぎ》本《もと》さん

はじめまして。杉本幹《すぎもとみき》といいます。

チャコ

水族館《すいぞくかん》の学芸員《がくげいいん》ってどんなお仕事《しごと》をするんですか？

杉《すぎ》本《もと》さん

海《うみ》や水辺《みずべ》の生《い》き物《もの》に関《かん》するイベントの企画《きかく》や、館内紹介《かんないしょうかい》ツアーなどを担当《たんとう》しています。その生態《せいたい》についてやすばらしさを、お客《きゃく》さんにお伝《つた》えする仕事《しごと》だと思《おも》っています。

クマノミはほとんどがオス

ナツメ

さっそく質問《しつもん》！　クマノミが性転換《せいてんかん》するってどういうことですか？

チャコ

カクレクマノミとか、魚《さかな》のことだよね？

杉《すぎ》本《もと》さん

クマノミの仲間《なかま》は世界《せかい》で30種《しゅ》ほどいるといわれています。イソギンチャクと共《きょう》生《せい》（ちがう生物《せいぶつ》どうしがおたがいを利用《りよう》し合《あ》って生活《せいかつ》すること）することでも知《し》られていますね。クマノミはイソギンチャクのまわりで数《すう》ひきの群《む》れでくらしているのですが、生《う》まれたときはオスでもメスでもないんです。成長《せいちょう》する環《かん》境《きょう》によって決《き》まるのですが、基本的《きほんてき》にはオスになることがほとんどです。そして群《む》れの中《なか》で、いちばん大《おお》きく成長《せいちょう》した個体《こたい》がオスからメスに性転換《せいてんかん》するんです。つまり、基本的《きほんてき》にメスはひとつの群《む》れの中《なか》に1ぴきだけです。

ナツメ　体《からだ》が大《おお》きい方《ほう》がいっぱい卵《たまご》を産《う》めるからかなあ。

チャコ　えぇっ～、女王様《じょおうさま》みたい!!　でも、自《じ》分《ぶん》だけが卵《たまご》を産《う》まなきゃいけないのはちょっと大変《たいへん》かも…。

杉《すぎ》本《もと》さん　そうですね。もしこのメスが死《し》んでしまったらどうなると思《おも》いますか？

ナツメ　うーん、メスが生《う》まれるまで待《ま》つのかなあ？

杉《すぎ》本《もと》さん　その場合《ばあい》は、2番目《ばんめ》に大《おお》きい個体《こたい》がオスからメスに性転換《せいてんかん》するんです。子孫《しそん》を多《おお》く残《のこ》すためのしくみですね。さらにクマノミの仲間《なかま》は、オスが卵《たまご》の世話《せわ》をすることが多《おお》いことも知《し》られていますよ。

頭部《とうぶ》にペニスをもつアメフラシ

チャコ　アメフラシも性転換《せいてんかん》するんですか？

杉《すぎ》本《もと》さん　アメフラシは性別《せいべつ》が変《か》わるのではなく、1ぴきの個体《こたい》がオスとメス両方《りょうほう》の役割《やくわり》をするんです。これを雌雄同体《しゆうどうたい》といいます。アメフラシの名前《なまえ》の由来《ゆらい》は、刺激《しげき》を与《あた》えると雨雲《あまぐも》のようなむらさき色《いろ》の液体《えきたい》を出《だ》すことのようです。ウミウシと似《に》

▲敵《てき》におそわれると体液《たいえき》を出《だ》して身《み》を守《まも》る

ていますが、別《べつ》の生《い》き物《もの》です。

アメフラシは体内《たいない》に卵巣《らんそう》（両性生殖腺《りょうせいせいしょくせん》）をもっていて、頭部《とうぶ》にペニスがあります。数《すう》ひきが連《つら》なる連鎖交尾《れんさこうび》をするのですが、その際《さい》、先頭《せんとう》の個体《こたい》はメスとして、間《あいだ》にはさまれた個体《こたい》は、前《まえ》の個体《こたい》に対《たい》してはオス、後《うし》ろの個体《こたい》に対《たい》してはメスの役割《やくわり》をします。

ナツメ

うひょー!!　ペニスって…ちんちんが頭《あたま》に生《は》えてるのかよ!!

杉《すぎ》本《もと》さん

ちなみに、人間《にんげん》のようにオスとメスが分《わ》かれているものは雌雄異体《しゆういたい》といいます。

チャコ

1ぴきでオスとメスの役割《やくわり》をできるなら、自分《じぶん》ひとりだけで受精《じゅせい》して赤《あか》ちゃんをつくることもできるっていうことですか？

杉《すぎ》本《もと》さん

自家受精《じかじゅせい》ですね。それはできないしくみになっています。

ギンブナはみんなそっくり!?

杉《すぎ》本《もと》さん

自家受精《じかじゅせい》とはちがいますが、ギンブナという魚《さかな》は、メスだけで子《こ》どもをつくることができます。

ナツメ

受精《じゅせい》しないで、ってことですか？

杉《すぎ》本《もと》さん

魚類《ぎょるい》の多《おお》くは、メスが産《う》んだ卵《たまご》にオスが精子《せいし》をふりかけて受精《じゅせい》しますが、ギンブナの場合《ばあい》は、受精《じゅせい》してもオスの遺伝情報《いでんじょうほう》を取《と》りこまないで卵《たまご》がかえるので（雌性発生《しせいはっせい》）、生《う》まれる子《こ》どもはメスのクローン（細胞分裂《さいぼうぶんれつ》によって生《しょう》じる、まったく同《おな》じ遺伝子《いでんし》をもつ個体《こたい》のこと）となります。ただ卵《たまご》を産《う》むためには、刺《し》激《げき》となるオスの精子《せいし》が必要《ひつよう》なんです。必要《ひつよう》なのは刺激《しげき》だけなので、遺伝子《いでんし》のちがう別《べつ》の種類《しゅるい》の

フナの精子《せいし》でもいいんですよ。

チャコ
クローンって、自分《じぶん》そっくりの子《こ》どもがたくさんできるっていうこと？　すごいなあ…。

杉本《すぎもと》さん
オスが出産《しゅっさん》!!　タツノオトシゴ
今度《こんど》は子育《こそだ》ての話《はなし》になります。タツノオトシゴはオスが卵《たまご》を産《う》むんですよ。

ナツメ
ええっ〜、そんなこともあるの!?

杉本《すぎもと》さん
まずメスがオスのふくろ（育児《いくじ》のう）に卵《たまご》を産《う》みつけます。オスはその卵《たまご》に精《せい》子《し》をかけて受精《じゅせい》し、赤《あか》ちゃんが生《う》まれる（ふ化《か》）までふくろの中《なか》で育《そだ》てて海中《かいちゅう》に放出《ほうしゅつ》します。これがオスの出産《しゅっさん》です。

チャコ
すごい、オスとメスの共同作業《きょうどうさぎょう》なんだね。

杉本《すぎもと》さん
ほかにも、クロホシイシモチという魚《さかな》は、メスが産《う》んだ卵《たまご》をオスが口《くち》の中《なか》に入《い》れてふ化《か》させます。
コウテイペンギンは、メスが産《う》んだ卵《たまご》をオスが温《あたた》めるのですが、60日《にち》もの間《あいだ》飲《の》まず食《く》わずで卵《たまご》を守《まも》ります。
その間《あいだ》メスは海《うみ》で栄養《えいよう》をたくわえ、胃《い》に食《た》べ物《もの》を貯《た》めてもどり、ふ化《か》したヒナに食事《しょくじ》を与《あた》えます。

チャコ
赤《あか》ちゃんは、周《まわ》

▲クロホシイシモチのオスの子育《こそだ》て

りの大人《おとな》に大事《だいじ》にされて大《おお》きくなるんだね。人《にん》間《げん》と同《おな》じだ！

▲夜《よる》から明《あ》け方《がた》にかけて産卵《さんらん》する

メスのウミガメがふえている

杉本《すぎもと》さん

性別《せいべつ》の話《はなし》だと、温度《おんど》によって性別《せいべつ》が決《き》まるものもいます。ウミガメは卵《たまご》のときの周囲《しゅうい》の温度《おんど》によって、オスになるかメスになるかが決《き》まるんですよ。砂《すな》の温度《おんど》が29度《ど》前後《ぜんご》を境《さかい》に変《か》わることが、調査《ちょうさ》や研究《けんきゅう》からわかっています。ですから、近年《きんねん》は温暖化《おんだんか》の影響《えいきょう》でメスの数《かず》がふえているそうです。いのちの誕生《たんじょう》には、さまざまな要素《ようそ》がからみ合《あ》っているんですよ。

チャコ

温暖化《おんだんか》かあ。猛暑《もうしょ》や暖冬《だんとう》が、ニュースになっているもんね…。

ナツメ

絶滅《ぜつめつ》が心配《しんぱい》される生《い》き物《もの》も、こういうことが原因《げんいん》のひとつなんだよな…。

杉本《すぎもと》さん

そうですね、私《わたし》たち人間《にんげん》のためだけではなく、すべての生《い》き物《もの》たちのために、今後《こんご》の地球環境《ちきゅうかんきょう》をどう守《まも》っていくか考《かんが》えることは重要《じゅうよう》です。きみたちに期待《きたい》していますよ！

このほか、生《い》き物《もの》の世界《せかい》にはまだ解明《かいめい》されていない不思議《ふしぎ》なこともたくさんあります。これは同時《どうじ》に、人間《にんげん》にもまだまだかくされた可能性《かのうせい》があるということなのかもしれません。ですから多《おお》くのことに興味《きょうみ》をもって、楽《たの》しい毎日《まいにち》を過《す》ごしていってくださいね。

PART 3

赤《あか》ちゃんってどうやってできるの？

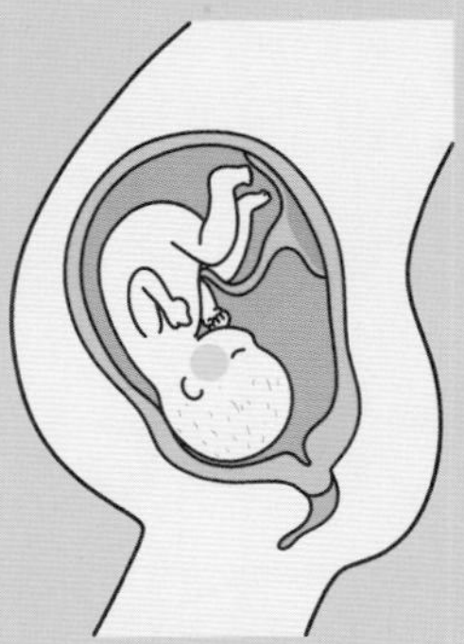

赤《あか》ちゃんはどんなふうに生《う》まれてくる?

4年《ねん》2組《くみ》
もうすぐ赤《あか》ちゃんが生《う》まれるので、先生《せんせい》は明日《あした》からお休《やす》みしますね。
みんなは勉強《べんきょう》をがんばってね。先生《せんせい》も赤《あか》ちゃんが元気《げんき》に生《う》まれるように、がんばるからね。
は〜い
すごーい!
しゃべる?
さわっていい?
いいよ
わ〜!

ただいま!!
くるっ
おっかえり〜♫
ママ、先生《せんせい》がね、明日《あした》からお休《やす》みするの。赤《あか》ちゃんが生《う》まれるんだって。
プリント〜
私《わたし》も、ユズやチャコたちを出産《しゅっさん》するときは、お仕事《しごと》を休《やす》んだわよ。
お産《さん》は、命《いのち》がけの大仕事《おおしごと》だからね。
オレ、よくわからないんだけど…。どうやったら、おなかの中《なか》に赤《あか》ちゃんが入《はい》るんだ？
ブーッ
ぱかっ
赤《あか》ちゃんのいのちは、ここから始《はじ》まるんだよ!!
いのちのもと!!
これって…、精子《せいし》と卵子《らんし》、だったっけ？

その1　受精編《じゅせいへん》

いのちのもとを、いのちのもとへ送《おく》りとどける

受精《じゅせい》とは、卵子《らんし》と精子《せいし》がひとつになることだよ。　女《おんな》の人《ひと》の膣《ちつ》に、男《おとこ》の人《ひと》のペニスを入《い》れて射精《しゃせい》をすると、精子《せいし》を卵子《らんし》へ送《おく》りとどけることができるんだ。これがセックスや性交《せいこう》といわれるもの（➡103ページ）だよ。

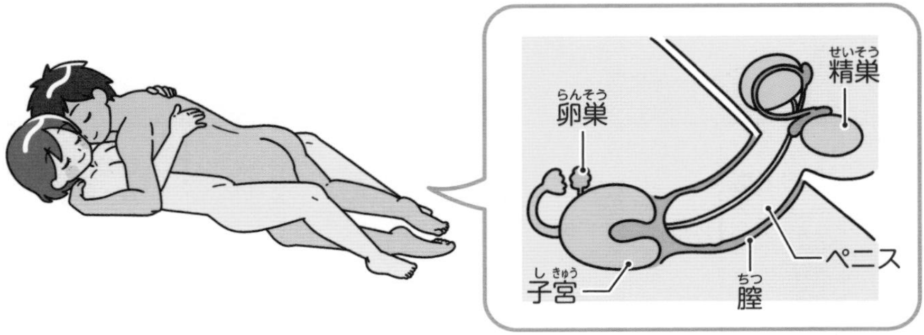

精巣《せいそう》
卵巣《らんそう》
ペニス
子宮《しきゅう》
膣《ちつ》

受精《じゅせい》には、医療技術《いりょうぎじゅつ》を使《つか》う方法《ほうほう》もあるよ。

人工授精《じんこうじゅせい》

取《と》り出《だ》した精子《せいし》を子宮《しきゅう》へとどける。

体外受精《たいがいじゅせい》

おめでとう!

取《と》り出《だ》した精子《せいし》と卵子《らんし》を体《からだ》の外《そと》で受精《じゅせい》させてから、子宮《しきゅう》へとどける。

人間以外《にんげんいがい》の動物《どうぶつ》の場合《ばあい》は、受精《じゅせい》のための行為《こうい》を交尾《こうび》というよ。動物《どうぶつ》もメスが赤《あか》ちゃんや卵《たまご》を産《う》むんだね。

ライオン

トンボ

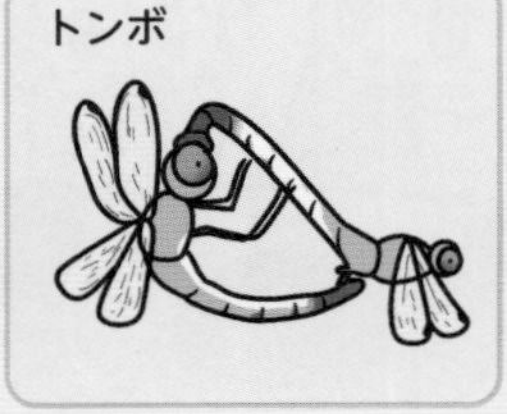

受精《じゅせい》のしくみ　～膣内《ちつない》で射精《しゃせい》をした後《あと》、女《おんな》の人《ひと》の体《からだ》の中《なか》で起《お》こること～

❶射精《しゃせい》をすると２億《おく》～３億個《おくこ》の精《せい》子《し》が、卵子《らんし》に向《む》かっていく。

精子《せいし》来《く》るかな。

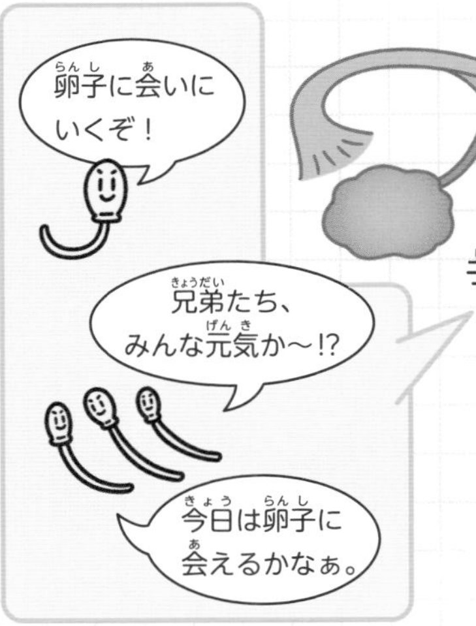
卵子《らんし》に会《あ》いにいくぞ！
兄弟《きょうだい》たち、みんな元気《げんき》か～!?
今日《きょう》は卵子《らんし》に会《あ》えるかなぁ。

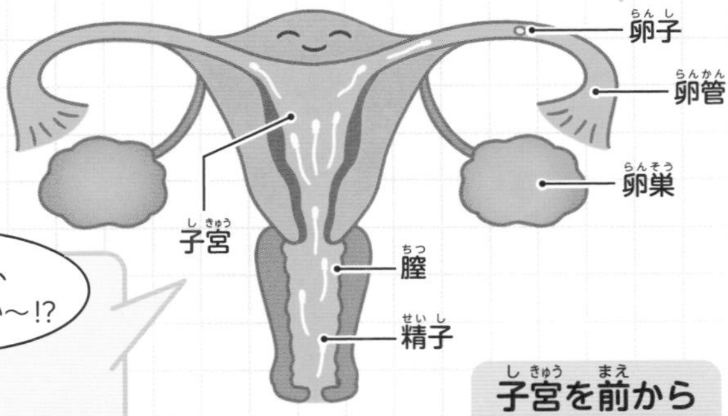
卵子《らんし》
卵管《らんかん》
卵巣《らんそう》
子宮《しきゅう》
膣《ちつ》
精子《せいし》

子宮《しきゅう》を前《まえ》から見《み》たところ

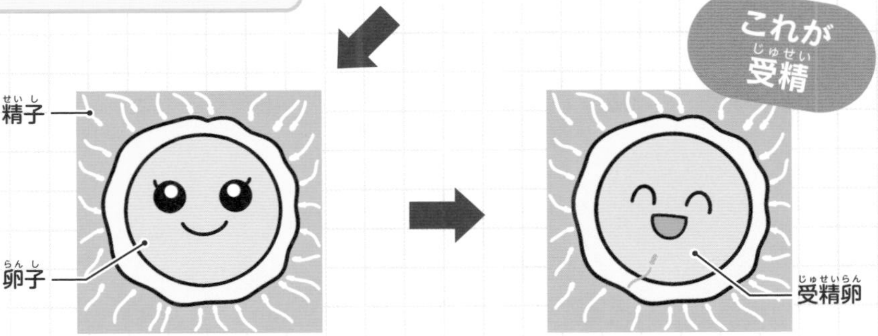
これが受精《じゅせい》
精子《せいし》
卵子《らんし》
受精卵《じゅせいらん》

❷精子《せいし》たちが、いっせいに卵子《らんし》の中《なか》に入《はい》ろうとする。卵子《らんし》までたどりつける精子《せいし》は、わずか数《すう》パーセントだけ。

❸卵子《らんし》の中《なか》に最初《さいしょ》に入《はい》った１個《こ》の精子《せいし》だけが卵子《らんし》と受精《じゅせい》し、ひとつの受精卵《じゅせいらん》になる。

その2　着床《ちゃくしょう》・妊娠編《にんしんへん》

妊娠《にんしん》の始《はじ》まり

受精卵《じゅせいらん》が子宮内膜《しきゅうないまく》にくっつくと「妊娠《にんしん》した」ということになるよ。受精《じゅせい》卵《らん》は細胞分裂《さいぼうぶんれつ》をくり返《かえ》して、人間《にんげん》の形《かたち》に育《そだ》っていくんだ。これから約《やく》10か月《げつ》の間《あいだ》、お母《かあ》さんに栄養《えいよう》をもらいながら、おなかの中《なか》で少《すこ》しずつ大《おお》きくなっていくよ。

受精卵《じゅせいらん》が着床《ちゃくしょう》するまで　～受精《じゅせい》した後《あと》、おなかの中《なか》で起《お》こること～

❶受精卵《じゅせいらん》が細胞分裂《さいぼうぶんれつ》をくり返《かえ》しながら、1週間《しゅうかん》くらいかけて子宮《しきゅう》へ移動《いどう》する。

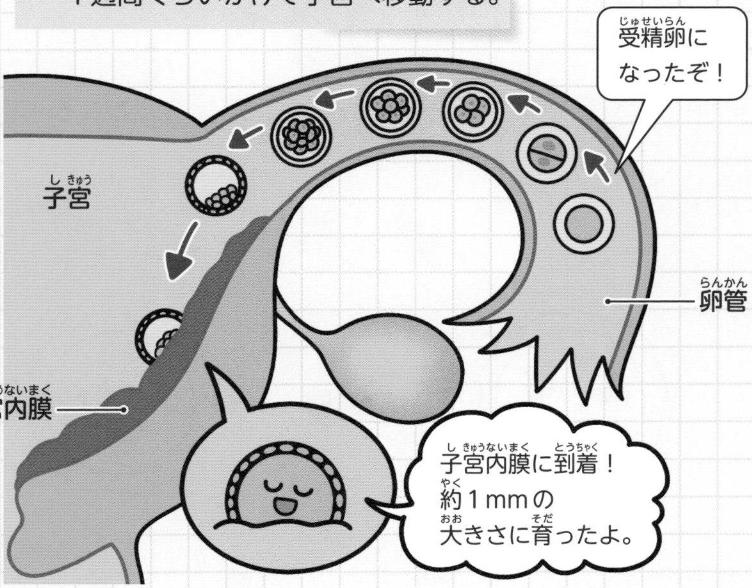

受精卵《じゅせいらん》になったぞ！
子宮《しきゅう》
卵管《らんかん》
子宮内膜《しきゅうないまく》
子宮内膜《しきゅうないまく》に到着《とうちゃく》！約《やく》1mmの大《おお》きさに育《そだ》ったよ。

❷子宮《しきゅう》へたどりついた受精卵《じゅせいらん》は、子宮内膜《しきゅうないまく》にくっつく。

これが、着床《ちゃくしょう》。ここから妊娠《にんしん》が始《はじ》まる！

妊娠《にんしん》期間《きかん》は平均《へいきん》10か月《げつ》

子宮《しきゅう》の中《なか》の赤《あか》ちゃんのようす

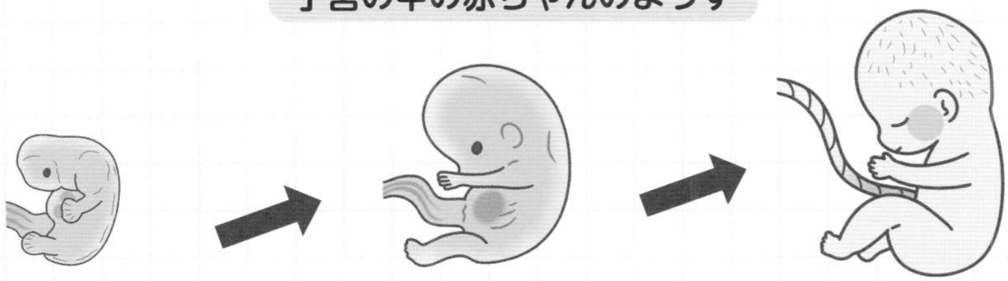

妊娠《にんしん》8週《しゅう》目《め》
1.5cmくらい

妊娠《にんしん》12週《しゅう》目《め》
5 cmくらい

妊娠《にんしん》21週《しゅう》目《め》
25cm くらい

妊娠《にんしん》38〜40週《しゅう》目《め》
50cmくらい
もうすぐ生《う》まれる！

おなかを横《よこ》から見《み》たところ

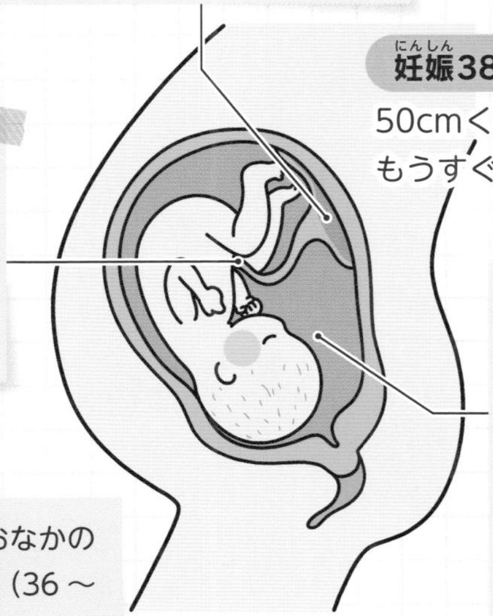

胎盤《たいばん》
へそのおとつながっている。お母《かあ》さんの血液《けつえき》が流《なが》れていて、赤《あか》ちゃんに栄養《えいよう》や酸素《さんそ》を送《おく》ったり、いらないものを受《う》け取《と》ったりしている。

へそのお
赤《あか》ちゃんは、へそのおでお母《かあ》さんとつながっている。

羊水《ようすい》
子宮《しきゅう》の中《なか》は、羊水《ようすい》という液体《えきたい》で満《み》たされていて、赤《あか》ちゃんはその中《なか》にうかんでいる。羊水《ようすい》は、赤《あか》ちゃんを守《まも》るクッションの役割《やくわり》をするよ。

赤《あか》ちゃんは、おなかの中《なか》で約《やく》10か月《げつ》（36〜40週《しゅう》）を過《す》ごす。

その3 出産《しゅっさん》編《へん》

赤《あか》ちゃんの外《そと》に出《で》る準備《じゅんび》が整《ととの》う

おなかの中《なか》で育《そだ》った赤《あか》ちゃんは、どうやって生《う》まれてくるのかな。出産《しゅっさん》は、陣痛《じんつう》から始《はじ》まることが多《おお》いよ。

どきどき

出産《しゅっさん》のしくみ（経膣分娩《けいちつぶんべん》）

もうすぐだよ！
外《そと》に出《で》るよ～！
陣痛《じんつう》は赤《あか》ちゃんからの合図《あいず》！

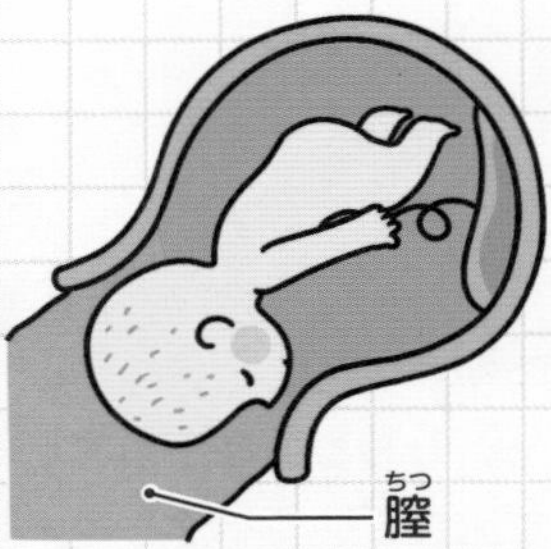
膣《ちつ》

出産《しゅっさん》が近《ちか》づくと、子宮《しきゅう》が赤《あか》ちゃんをおなかの外《そと》へおし出《だ》そうとする。このときののびちぢみで、お母《かあ》さんのおなかが痛《いた》くなるんだ。これが陣痛《じんつう》だよ。

赤《あか》ちゃんは、体《からだ》の向《む》きを変《か》えながら、お母《かあ》さんと協力《きょうりょく》し合《あ》って、子宮《しきゅう》から膣《ちつ》を通《とお》って外《そと》へと出《で》てくる。

オギャー!!
生《う》まれた！

最初《さいしょ》の泣《な》き声《ごえ》（産声《うぶごえ》）は、赤《あか》ちゃんが生《う》まれて初《はじ》めて呼吸《こきゅう》をしたというあかしなんだよ。

帝王切開《ていおうせっかい》という方法《ほうほう》もある

お母《かあ》さんのおなかを切《き》って、
赤《あか》ちゃんを取《と》り出《だ》す出産方《しゅっさんほう》
法《ほう》を、帝王切開《ていおうせっかい》という。

生《う》まれた！
オギャー

経膣分娩《けいちつぶんべん》では、赤《あか》ちゃんやお母《かあ》さんに危険《きけん》があるときなどに行《おこな》われるよ。

出産《しゅっさん》は命《いのち》がけの大仕事《おおしごと》

10か月間《げつかん》おなかの中《なか》で赤《あか》ちゃんを守《まも》ってきたお母《かあ》さんは、最後《さいご》に出産《しゅっさん》という命《いのち》がけの大仕事《おおしごと》をするんだね。陣痛《じんつう》が起《お》きてから赤《あか》ちゃんが生《う》まれるまでに、平均《へいきん》12～15時間《じかん》、長《なが》いと1日《にち》以上《いじょう》かかることもあるんだよ。

だけど悲《かな》しいことに、妊娠中《にんしんちゅう》や出産《しゅっさん》のときに赤《あか》ちゃんがなくなってしまうこともあるんだ。今《いま》この本《ほん》を読《よ》んでいるきみたち一人《ひとり》ひとりが、お母《かあ》さんの卵子《らんし》とお父《とう》さんの精子《せいし》の受精《じゅせい》から始《はじ》まって生《う》まれてきた、きせきなんだよ。

スヤスヤ
ワ〜ン
ニコニコ
ゴクゴク

生《う》まれた赤《あか》ちゃんは、どんなふうに成長《せいちょう》するの?

…というわけで、出産《しゅっさん》って命《いのち》がけの大仕事《おおしごと》なんですよ。
すごーい!
いやあ、それほどでも…。まあ、ブンは世《よ》の中《なか》のたいていのことは知《し》っていますけどね。
ちがーう!
すごいのは、赤《あか》ちゃんが生《う》まれるしくみのことだよ!
ズコーッ
ベビーの誕生《たんじょう》は、ミラクルでワンダフルなコトよネ。
そのミラクルは生《う》まれてからもずーっと続《つづ》くのよ!!

生《う》まれたての赤《あか》ちゃんはこんなふう！

生《う》まれてから27日目《にちめ》までの赤《あか》ちゃんを、新生児《しんせいじ》というよ。お母《かあ》さんのおなかの中《なか》から出《で》てきたばかりの新生児《しんせいじ》は、一日《いちにち》のほとんどをねむって過《す》ごして、少《すこ》しずつ外《そと》の世界《せかい》になれていくよ。

自分《じぶん》の力《ちから》で頭《あたま》を支《ささ》えられない（首《くび》がすわっていない）

ミルクをよく飲《の》み、あまい味《あじ》がわかる

よく泣《な》く

1日中《にちじゅう》ほとんどねている

あしをM《エム》の形《かたち》に曲《ま》げている

耳《みみ》はよく聞《き》こえている

目《め》は近《ちか》くのものがぼんやりと見《み》える程度《ていど》

うでをW《ダブル》の形《かたち》に曲《ま》げている

おなかがぽっこりしている

うんちやおしっこを、少《すこ》しずつ、一日何回《いちにちなんかい》もする

わあ、かわいい!!
大《おお》きな声《こえ》で泣《な》くんだよな。

人間《にんげん》の赤《あか》ちゃんにはお世話《せわ》が必要《ひつよう》

ねて過《す》ごして大《おお》きくなる

シマウマやキリンなど野生動《やせいどう》物《ぶつ》の赤《あか》ちゃんは、生《う》まれてすぐに自分《じぶん》の脚《あし》で立《た》って歩《ある》くことができるけれど、人間《にんげん》の赤《あか》ちゃんは、立《た》つことも、ねがえりをうつこともできないよ。ほとんどの時間《じかん》をねて過《す》ごしていて、「おなかがすいたよ、ねむいよ、おしっこやうんちをしたよ」ということを、泣《な》いたりぐずったりして伝《つた》えているんだ。周《まわ》りの人《ひと》にお世話《せわ》をしてもらって、大《おお》きくなるんだね。

保育器《ほいくき》で育《そだ》つ赤《あか》ちゃんもいる

生《う》まれたときに、体重《たいじゅう》が少《すく》なかったり、予定《よてい》よりも早《はや》く生《う》まれたりした赤《あか》ちゃんは、保育器《ほいくき》の中《なか》で育《そだ》てられるよ。

保育器《ほいくき》の中《なか》は、お母《かあ》さんのおなかの中《なか》にいたときの温度《おんど》や湿度《しつど》に合《あ》わせてあるんだ。

赤《あか》ちゃんの成長《せいちょう》

生《う》まれて28日目《にちめ》以降《いこう》の赤《あか》ちゃんを、乳児《にゅうじ》というよ。

生後《せいご》1か月《げつ》

手足《てあし》を動《うご》かす

生後《せいご》2か月《げつ》

「あー」「うー」など
と声《こえ》を出《だ》す

生後《せいご》4か月《げつ》

頭《あたま》がぐらぐらしなくなる
(首《くび》がすわる)

生後《せいご》5か月《げつ》

自分《じぶん》でねがえり
ができる

生後《せいご》7か月《げつ》

おすわりができる
歯《は》が生《は》えてくる

生後《せいご》8か月《げつ》

ハイハイをする

生後《せいご》10か月《げつ》

何《なに》かにつかまって、
立《た》てるようになる

生後《せいご》12か月《げつ》

自分《じぶん》で立《た》ち、
短《みじか》い言葉《ことば》を言《い》える

自分《じぶん》で歩《ある》くまでに、1年《ねん》以上《いじょう》もかかるんだ!

家族《かぞく》やきょうだいはどうして似《に》ているの？

どうして、子《こ》どもは親《おや》に似《に》るのかな？
親《おや》から子《こ》に、遺伝子《いでんし》が受《う》けつがれるからだよ。
遺伝子《いでんし》（DNA《ディーエヌエー》）とは、体《からだ》の設計図《せっけいず》で、体《からだ》の形《かたち》や性質《せいしつ》などの情報《じょうほう》が入《はい》っているもの。

親《おや》の情報《じょうほう》が子《こ》に遺伝《いでん》するしくみ

精子《せいし》

父親《ちちおや》の情報《じょうほう》が入《はい》っている。

卵子《らんし》

母親《ははおや》の情報《じょうほう》が入《はい》っている。

受精《じゅせい》する前《まえ》の精子《せいし》には父親《ちちおや》の、卵子《らんし》には母親《ははおや》の遺伝子《いでんし》が入《はい》っている。

受精卵《じゅせいらん》

父親《ちちおや》の情報《じょうほう》と母親《ははおや》の情報《じょうほう》が入《はい》っている。

受精《じゅせい》すると、父親《ちちおや》と母親《ははおや》の遺伝子《いでんし》の情報《じょうほう》がひとつになって、子《こ》どもの体《からだ》の設計図《せっけいず》が完成《かんせい》する。

双子《ふたご》のしくみ

〈一卵性《いちらんせい》〉

1つの卵子《らんし》と精子《せいし》が受精《じゅせい》することから始《はじ》まる。

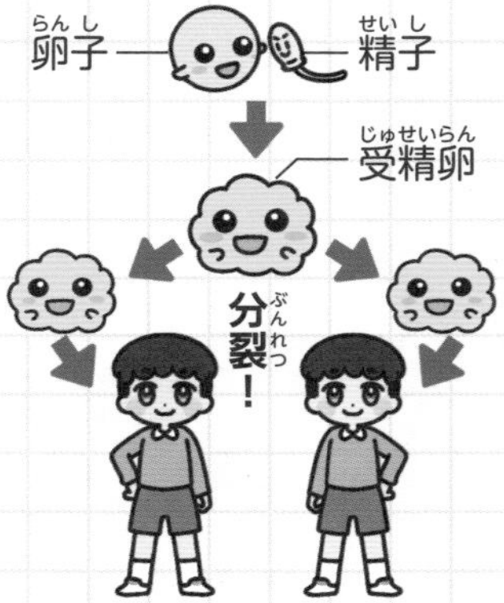

卵子《らんし》
精子《せいし》
受精卵《じゅせいらん》
分裂《ぶんれつ》!

性別《せいべつ》、血液《けつえき》型《がた》が同《おな》じ。

見《み》た目《め》がそっくり。

➡DNA《ディーエヌエー》がまったく同《おな》じ

〈二卵性《にらんせい》〉

2つの卵子《らんし》と精子《せいし》が、それぞれ受精《じゅせい》することから始《はじ》まる。

性別《せいべつ》、血液《けつえき》型《がた》がちがうこともある。

一卵性《いちらんせい》のようにそっくりではない。

オレとチャコは二卵性《にらんせい》ってことだな。

血液型《けつえきがた》のしくみ

人間《にんげん》の血液型《けつえきがた》はA《エー》・B《ビー》・AB《エービー》・O型《オーがた》の4種類《しゅるい》。親《おや》の血液型《けつえきがた》の組《く》み合《あ》わせで、子《こ》どもの血液型《けつえきがた》が決《き》まる。

父親《ちちおや》の血液型《けつえきがた》

母親《ははおや》の血液型《けつえきがた》

	A《エー》	B《ビー》	AB《エービー》	O《オー》
A《エー》	A・O	A・B AB・O	A・B AB	A・O
B《ビー》	A・B AB・O	B・O	A・B AB	B・O
AB《エービー》	A・B AB	A・B AB	A・B AB	A・B
O《オー》	A・O	B・O	A・B	O

子《こ》どもの血液型《けつえきがた》

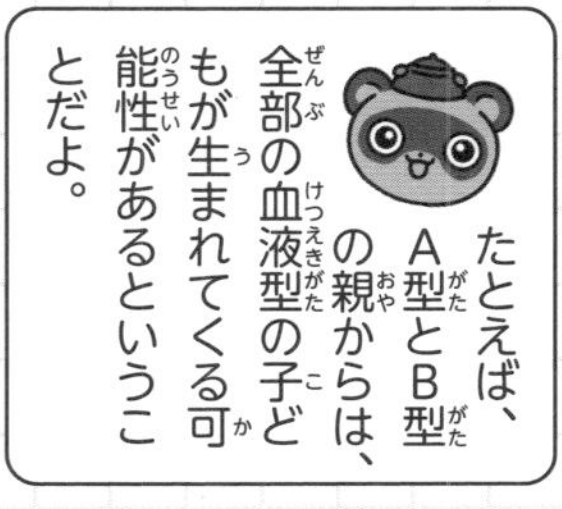

たとえば、A型《がた》とB型《がた》の親《おや》からは、全部《ぜんぶ》の血液型《けつえきがた》の子《こ》どもが生《う》まれてくる可《か》能性《のうせい》があるということだよ。

一卵性《いちらんせい》の双子《ふたご》は、血液型《けつえきがた》も同《おな》じだよね!

避《ひ》妊《にん》をするということ

ユズちゃん、デート？
コブシってさ、見《み》た目《め》はちょっとこわいけど、いいヤツなんだよな。
ユズカレ
遊《あそ》ぶとおもしろいし、おかしもくれるしよお。
おかしでつられてる…
ニコッ
わたしもコブシくん好《す》き!! もう、手《て》ぇつないだ？
きききき、キッスした？
ワァァァ
またそれ～？ そんなことは教《おし》えられません～。
ピンポーン
ちわーっす!!
あっ、コブシくんが来《き》た!!
ダダダッ
今日《きょう》もおかし、もってるかな!?

“セックス”ってどんなこと？

セックスをするのは、赤《あか》ちゃんがほしいという理由《りゆう》だけではないよ。セックスは、好《す》きな気持《きも》ちを伝《つた》え合《あ》うのに、おしゃべりをしたり、手《て》をつないだり、キスをしたり抱《だ》き合《あ》ったりすることの延長線上《えんちょうせんじょう》にあるものなんだよ。好《す》きな人《ひと》どうしでふれ合《あ》うことは、人《ひと》を幸《しあわ》せな気持《きも》ちにさせるんだね。

赤《あか》ちゃんをつくる

好《す》きな人《ひと》どうしでふれ合《あ》う

男女《だんじょ》がセックスをすれば、赤《あか》ちゃんを望《のぞ》んでいなくても、妊娠《にんしん》する可能性《かのうせい》がある！

望《のぞ》まない妊娠《にんしん》をしたとき、特《とく》に女《おんな》の子《こ》の体《からだ》や心《こころ》に大《おお》きな負担《ふたん》がかかるよ。好奇心《こうきしん》や興味《きょうみ》からセックスをして、赤《あか》ちゃんができてしまったときの代償《だいしょう》はとても大《おお》きい。赤《あか》ちゃんを生《う》んで育《そだ》てるのは、自立《じりつ》をした大人《おとな》でも大変《たいへん》なことで、大《おお》きな責任《せきにん》がともなうということを覚《おぼ》えておいてね。

避妊《ひにん》の方法《ほうほう》を知《し》っておこう

赤《あか》ちゃんを望《のぞ》まないとき

大人《おとな》になって、セックスをしたいと思《おも》ったとき、赤《あか》ちゃんを望《のぞ》んでいないなら必《かなら》ず避妊《ひにん》をすること！　避妊《ひにん》とは、卵子《らんし》と精子《せいし》が受精《じゅせい》しないようにすることだよ。避妊《ひにん》は、自分《じぶん》と相手《あいて》の体《からだ》を守《まも》る、とても大切《たいせつ》なこと。避妊方《ひにんほう》法《ほう》は男女《だんじょ》でちがうけれど、両方《りょうほう》をよく知《し》っておくことが必要《ひつよう》だよ。

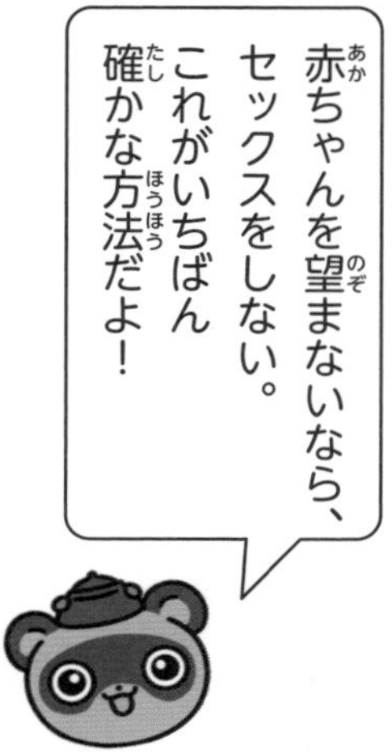
赤《あか》ちゃんを望《のぞ》まないなら、
セックスをしない。
これがいちばん
確《たし》かな方法《ほうほう》だよ！

男性側《だんせいがわ》の避妊《ひにん》

- コンドームを使《つか》っても、完全《かんぜん》な避妊《ひにん》にはならない！
- 性感染症《せいかんせんしょう》の予防《よぼう》のためにも使《つか》う。

ペニスにかぶせる、ゴムでできた袋《ふくろ》のようなもの。ぼっきしたペニスにつけて、精子《せいし》が子宮《しきゅう》に入《はい》らないようにするもの。

コンドーム

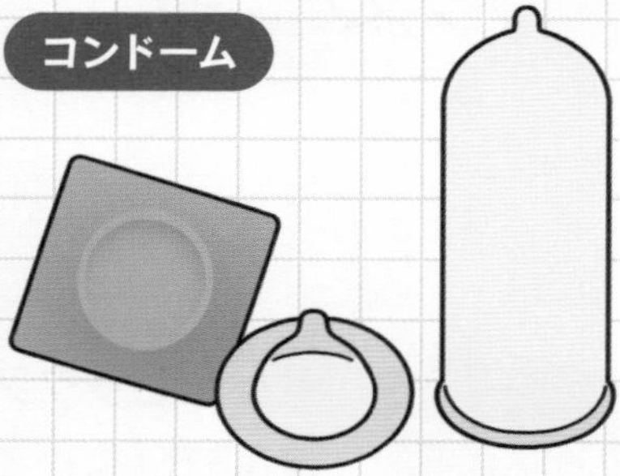

ドラッグストアやコンビニなどで、手軽《てがる》に買《か》えるよ。

コンドームでの避妊《ひにん》がよく用《もち》いられるけれど、ほかの方法《ほうほう》よりも避妊《ひにん》の成功《せいこう》率《りつ》が低《ひく》いよ。セックスの途中《とちゅう》でコンドームがやぶれる、外《はず》れるなどして、精《せい》子《し》がもれるようなこともあるんだ。

女性側《じょせいがわ》の避妊《ひにん》

- どちらの方法《ほうほう》も、病院《びょういん》を受診《じゅしん》する必要《ひつよう》があるよ。
- 性感染症《せいかんせんしょう》の予防《よぼう》にはならないから、コンドームといっしょに使《つか》おう。

低用量《ていようりょう》ピル

排卵《はいらん》（➡31ページ）を止《と》める飲《の》み薬《ぐすり》。

生理《せいり》の痛《いた》みをやわらげたり、生理期間《せいりきかん》の調整《ちょうせい》が必要《ひつよう》なときにも使《つか》われるよ。

子宮内避妊具《しきゅうないひにんぐ》（IUS《アイユーエス》）

受精卵《じゅせいらん》の着床《ちゃくしょう》を防《ふせ》ぐ器具《きぐ》。病院《びょういん》で、子宮《しきゅう》の中《なか》に入《い》れてもらう必要《ひつよう》がある。

避妊《ひにん》の効果《こうか》が5年《ねん》くらい続《つづ》く。

緊急避妊薬《きんきゅうひにんやく》（アフターピル）

避妊《ひにん》に失敗《しっぱい》してしまったときや、性暴力《せいぼうりょく》（➡118ページ）にあったとき、72時間以内《じかんいない》（できるだけ早《はや》く）に飲《の》むことで妊娠《にんしん》の可能性《かのうせい》を下《さ》げる薬《くすり》だよ。買《か》うためには、処方箋《しょほうせん》が必要《ひつよう》だから、勇《ゆう》気《き》を出《だ》してすぐ大人《おとな》に相談《そうだん》してね。オンライン診療《しんりょう》ができるところもあるよ。

セックスには、性感染症《せいかんせんしょう》の危険《きけん》もある！

性感染症《せいかんせんしょう》は、セックスをすることで細菌《さいきん》やウイルスなどに感染《かんせん》する病気《びょうき》だよ。自分《じぶん》が感染《かんせん》していることに気《き》づかないまま、相手《あいて》にうつしてしまったり、いつの間《ま》にか症状《しょうじょう》が進行《しんこう》していることもある。**性感染症《せいかんせんしょう》の予防《よぼう》のためにコンドームは必《かなら》ず使《つか》うもの**だと覚《おぼ》えておいてね。

もしも、妊娠《にんしん》してしまったら？

女《おんな》の人《ひと》の体《からだ》は、妊娠《にんしん》すると生理《せいり》（➡30ページ）が止《と》まるよ。避妊《ひにん》をしてセックスをしていても、生理《せいり》が予定日《よていび》より1週間以上《しゅうかんいじょう》おくれたら、検査《けんさ》をしよう。

❶妊娠検査薬《にんしんけんさやく》

おしっこをかけると、妊娠《にんしん》しているかどうかがわかる。ドラッグストアなどで500～1000円《えん》くらいで買《か》えるよ。

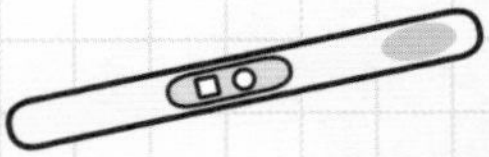

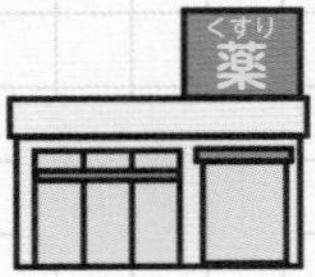
くすり
薬

❷病院《びょういん》で検査《けんさ》を受《う》ける

産婦人科《さんふじんか》で検査《けんさ》をしてもらう。病院《びょういん》には、大人《おとな》の人《ひと》といっしょに行《い》こう。妊娠《にんしん》をしていたら、赤《あか》ちゃんをどうするかを決《き》めることになる。

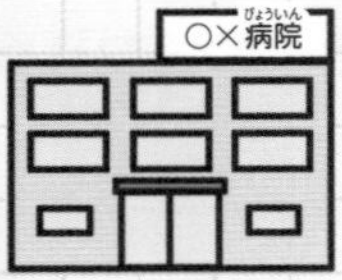
○×病院《びょういん》

ふだんから、生理《せいり》が始《はじ》まった日《ひ》と終《お》わった日《ひ》を記録《きろく》しておこう。体調管理《たいちょうかんり》がしやすくなって、生理《せいり》がおくれたときにも、すぐに気《き》づけるよ。

望《のぞ》まない妊娠《にんしん》や、妊娠《にんしん》したかもしれないという不安《ふあん》は、女《おんな》の子《こ》だけの問題《もんだい》ではないから、相手《あいて》の男《おとこ》の子《こ》に必《かなら》ず伝《つた》えよう。そして、家族《かぞく》など、大人《おとな》に助《たす》けを求《もと》めてね。156ページでも相談先《そうだんさき》を紹介《しょうかい》しているよ。

一人《ひとり》でなやまないで！

ブンちゃんのおなやみ相談室《そうだんしつ》4

Q しつもん 小学生《しょうがくせい》が妊娠《にんしん》したらどうなるの？

A おこたえ

３つの選択肢《せんたくし》があるよ。

❶生《う》まない。人工妊娠中絶《じんこうにんしんちゅうぜつ》といって、手術《しゅじゅつ》をして妊娠《にんしん》を終《お》わらせる方法《ほうほう》がある。

❷生《う》んで自分《じぶん》の子《こ》どもとして育《そだ》てる。

❸生《う》んでほかの人《ひと》の子《こ》どもとして育《そだ》ててもらう。(養子《ようし》や里子《さとご》など)

出産《しゅっさん》は、命《いのち》がけのことだよ。赤《あか》ちゃんを望《のぞ》んでいなければ、どの選《せん》択《たく》をしても体《からだ》や心《こころ》に大《おお》きな負担《ふたん》のかかるものだし、人生《じんせい》を大《おお》きく左右《さゆう》するものになるだろうね。

Q しつもん “セックス解禁《かいきん》！”の年令《ねんれい》ってあるの？

子《こ》どもには早《はや》すぎるポン！

A おこたえ

セックスをしたいと思《おも》うときが来《き》たら、まずは、避妊《ひにん》や性感染症《せいかんせんしょう》の知識《ちしき》を、最新《さいしん》のものにアップデートしよう。そして、相手《あいて》とよく話《はな》し合《あ》おう。女《おんな》の子《こ》は自分《じぶん》の体《からだ》をいちばんに考《かんが》えること。もしも妊娠《にんしん》した場合《ばあい》、大《おお》きな負担《ふたん》がかかるのは女《おんな》の子《こ》だからね。男《おとこ》の子《こ》は、相手《あいて》の考《かんが》えをよく聞《き》いて大事《だいじ》にしよう。おたがいに避《ひ》妊《にん》や感染症予防《かんせんしょうよぼう》の話《はなし》ができない相手《あいて》とはセックスをしちゃダメ！

こういった問題《もんだい》に対応《たいおう》できると思《おも》えたら、そのときがセックスをしてもいいときなんじゃないかな。

赤《あか》ちゃんが生《う》まれてくるしくみをどう思《おも》ったかな？

“好《す》き” って、どういうことかな？

グッモーニン♡
ちゅ
ユズ、チャコ、ナツメ、グッモーニン!!
ぽっ～
みんな、今日《きょう》も元気《げんき》にいきましょう♪
うへ～～
ブンチャンも、オハヨゴザマスネ!!
イエ～イ!
おっは～
朝日《あさひ》を浴《あ》びると気持《きも》ちがいいし、今日《きょう》の朝《あさ》ごはんは私《わたし》の好物《こうぶつ》ばかりデス♡
いち
に～
さんし～
ほんと、パパは朝《あさ》から元気《げんき》だねえ。
いえ～す!
JA
おきて～
パパさんはいつも、いっぱいの**好**《す》**き**に囲《かこ》まれているからね!!

好《す》きには種類《しゅるい》がある!?

好《す》きな食《た》べ物《もの》、好《す》きな遊《あそ》びや趣味《しゅみ》など、きみの中《なか》には、どんな“好《す》き”があるかな。そして、好《す》きな人《ひと》たちに囲《かこ》まれているとどんな気持《きも》ちになるかな。いろんな好《す》きを思《おも》い返《かえ》してみよう。

家族《かぞく》への好《す》き

友《とも》だちへの好《す》き

目上《めうえ》の人《ひと》への好《す》き

そばにいると、安心《あんしん》したり、楽《たの》しかったり、あこがれの気《き》持《も》ちもあるかもしれないね。いっしょにいるのが当《あ》たり前《まえ》のような人《ひと》も、いなかったらさびしかったり。自分《じぶん》が心地《ここち》よい気持《きも》ちになれる人《ひと》がいるのは、幸《しあわ》せなことなんだよ。

恋愛感情《れんあいかんじょう》としての好《す》き

推《お》しへの好《す》き

ペットへの好《す》き

恋愛感情《れんあいかんじょう》って、どういうこと？

いろいろな「好《す》き」の中《なか》で、家族《かぞく》や友《とも》だちへの好《す》きとはちょっとちがう感《かん》じがするものがないかな。ある特定《とくてい》の子《こ》のことが気《き》になって、その子《こ》のことばかり考《かんが》えたり、その子《こ》に自分《じぶん》のことを見《み》てほしいと思《おも》ったり。そんな気持《きも》ちが、恋愛感情《れんあいかんじょう》につながるのかもしれないね。

恋愛感情《れんあいかんじょう》が生《う》まれるのはどうして？

今《いま》までとちがう、好《す》きという気持《きも》ちを感《かん》じるようになるのは、思春期《ししゅんき》の心《こころ》が体《からだ》といっしょに成長《せいちょう》しているから。だけど、体《からだ》の成長《せいちょう》に個人差《こじんさ》があるように、心《こころ》の成長《せいちょう》するスピードやその表《あらわ》れ方《かた》も、人《ひと》それぞれちがうんだよ。

男《おとこ》の子《こ》

女《おんな》の子《こ》

自分《じぶん》の好《す》きの相手《あいて》は？

男《おとこ》の子《こ》、女《おんな》の子《こ》どっちも

好《す》きにならない

好《す》きとかきょうみないな〜

自分《じぶん》とはちがう性別《せいべつ》の人《ひと》（異性《いせい》）を好《す》きになる人《ひと》が多《おお》いから、それが当《あ》たり前《まえ》のように思《おも》われてきたけれど、同性《どうせい》を好《す》きになる人《ひと》や、恋愛感情《れんあいかんじょう》をもたない人《ひと》がいて、いろんな好《す》きがあるということが世《よ》の中《なか》に広《ひろ》がり始《はじ》めているよ。

だれを好《す》きになってもいいし、好《す》きにならなくてもいいんだ。自分《じぶん》の気《き》持《も》ちをよく知《し》って、体《からだ》も心《こころ》も大事《だいじ》にしてね。

きみの“性《せい》”は何《なん》だろう？

「きみは女《おんな》の子《こ》？　男《おとこ》の子《こ》？」と聞《き》かれたら何《なん》と答《こた》えるかな。おちんちんがあるかないかで判断《はんだん》するかな。実際《じっさい》、戸籍《こせき》やパスポートには男女《だんじょ》どちらかの性別《せいべつ》らんがあるよ。でも、それに合《あ》わせて自分《じぶん》の性《せい》を決《き》めなくてもいいんだ。ほかに、下《した》のような“性《せい》”の考《かんが》え方《かた》があることも知《し》っておこう。

生《う》まれたときの体《からだ》の性《せい》

体《からだ》の特《とく》ちょうによる性《せい》。

心《こころ》の性《せい》

生《う》まれたときの体《からだ》の性《せい》とは別《べつ》に、自分《じぶん》が心《こころ》で感《かん》じる性《せい》。

男《おとこ》かもしれない。
自分《じぶん》の体《からだ》じゃない
みたい…。
男《おとこ》！
男《おとこ》のような気《き》もするし
女《おんな》のような気《き》もするし…

好《す》きになる性《せい》

自分《じぶん》がどの性《せい》の人《ひと》を好《す》きになるか。
または、好《す》きにならないか。

男《おとこ》の子《こ》が好《す》き!
う〜ん??
男《おとこ》の子《こ》

表現《ひょうげん》する性《せい》

服装《ふくそう》や髪形《かみがた》などの見《み》た目《め》や話《はな》し方《かた》など、
自分《じぶん》のイメージに合《あ》わせて表現《ひょうげん》する性《せい》。

ぼく
わたしはかわいいものが好《す》き!
自分《じぶん》
わたしはかっこいい服《ふく》が好《す》きなんだ!

自分《じぶん》の性《せい》になやんだり、不安《ふあん》になったりすることがあったら、図書館《としょかん》などで本《ほん》を探《さが》して読《よ》んでみてね。156ページで相談先《そうだんさき》も紹介《しょうかい》しているよ。

《保護者のかたへ》性を人権の視点でとらえ、心や体、社会などの幅広い側面から体系的に学ぶ「包括的性教育」において、ユネスコが2018年に改訂した「国際セクシュアリティ教育ガイダンス」は、性教育の国際的な指針となっています。

「いいよ」と「いや」を伝《つた》えよう

ねえ、ブンちゃんのふたの中《なか》って、どうなっているのかな?
スマホとかアイスとか、何《なん》でも出《で》てくるもんな!!
気《き》になる〜!!
いや〜!!
ふたはぜーーーったいにさわっちゃダメ!! 大好《だいす》きなお二人《ふたり》でも、ここはダメなんです!!

“体《からだ》の権利《けんり》”ってどんなこと？

自分《じぶん》の体《からだ》に、だれが、どこに、どのようにふれていいかを決《き》める権利《けんり》、これが体《からだ》の権利《けんり》だよ。自分《じぶん》の体《からだ》は自分《じぶん》のものだからね。

それってどういうこと？
ぐいっ
う〜ん…、なんかいやだなあ…。

プライベートゾーンだけじゃない、
体中《からだじゅう》どこでも！

つまり、
こういうこと！

どんなときでも、相手《あいて》がだれでも「いいよ」
と「いや」を決《き》めるのは自分《じぶん》なんだよ！

“同意《どうい》”で気持《きも》ちを伝《つた》え合《あ》おう！

「いいよ」と「いや」を伝《つた》え合《あ》うことを同意《どうい》というよ。自分《じぶん》の気持《きも》ちを伝《つた》えたり、相手《あいて》の気持《きも》ちを確《たし》かめたりするのは、とても大切《たいせつ》なことなんだ。

同意《どうい》で大事《だいじ》なこと！❶

体《からだ》にふれるときだけでなく、相手《あいて》の気持《きも》ちを確《たし》かめることは、すべてのコミュニケーションの基本《きほん》だよ！

- 相手《あいて》が「いいよ」と言《い》ったらふれてもいい。

手《て》つないでいい？
いいよ

- 相手《あいて》が「いや」と言《い》ったらふれてはダメ。

手《て》つないでいい？
いやだ…

- 相手《あいて》と対等《たいとう》な立場《たちば》で確認《かくにん》すること。

手《て》つないでいい？

こわがらせて、無理《むり》やり「いいよ」と言《い》わせちゃダメ！

“性的同意《せいてきどうい》”とは？

恋愛感情《れんあいかんじょう》のある相手《あいて》に対《たい》して、手《て》をつなぎたい、キスをしたい、抱《だ》きしめたいと思《おも》ったときに、そうしていいかどうか、相手《あいて》の気持《きも》ちを確《たし》かめることを性的同意《せいてきどうい》というよ。

もちろん、これは相手《あいて》も自分《じぶん》のことを好《す》きだと、おたがいが理解《りかい》しあっているうえでのこと。片思《かたおも》いの相手《あいて》に、「キスをしてもいい？」なんて聞《き》いたってダメに決《き》まっているよ。片思《かたおも》いの人《ひと》は、まずは自分《じぶん》の気持《きも》ちを相手《あいて》に伝《つた》えることから始《はじ》めないとね。

同意《どうい》で大事《だいじ》なこと！②

● 自分《じぶん》の「いいよ」「いや」と同《おな》じように、相手《あいて》の「いいよ」「いや」の気持《きも》ちを大切《たいせつ》にする。

え～キスくらい、いいじゃん！
・・・。

● 「いいよ」以外《いがい》は、全部《ぜんぶ》「いや」と考《かんが》える。

キスしてもいい？
・・・。

● 途中《とちゅう》で、考《かんが》えを変《か》えてもいい。

やっぱりいや！

相手《あいて》が同意《どうい》しているかどうかは、相手《あいて》に聞《き》かなきゃわからない!!　自分《じぶん》の思《おも》いこみはダメだよ。

性暴力《せいぼうりょく》について考《かんが》えよう

性暴力《せいぼうりょく》の実態《じったい》
性暴力《せいぼうりょく》って、こわいな…。
ひどい…
〝性《せい》〟に関《かか》わる暴力《ぼうりょく》のことだね。だれでも被害《ひがい》にあう可能性《かのうせい》があるんだよ。
もしかしたら、家《いえ》や学校《がっこう》など、ふだんの生活《せいかつ》の場《ば》で起《お》きていることもあるかもしれない。
えっ、学校《がっこう》でも!?
たとえば、プライベートゾーンを自分《じぶん》から見《み》せるのもダメ!!
ゴソゴソ
どーーーん
オレ、ちんちんに毛《け》が生《は》えてきた!
うっそ〜!!
そんなの見《み》せないでよ!
オレかよ!?
うわ…
あれはふざけてただけなんだよ。チャコ、ごめんっ!!
ペコペコ
わかってるよ〜
じゃあ、性暴力《せいぼうりょく》について、もっとくわしく説明《せつめい》するね。

学校《がっこう》でありがちな例《れい》
ふざけてやってもダメ！
スカートめくり
ペラッ
カンチョー
ズボンおろし
おしりを見《み》せる

プライベートゾーン
口《くち》
胸《むね》
性器《せいき》
おしり
どれもプライベートゾーンに関《かか》わることだからね。19ページも、もう一度《いちど》見《み》よう。

性暴力《せいぼうりょく》から身《み》を守《まも》る！

同意《どうい》のない性的《せいてき》な行動《こうどう》はNG《エヌジー》

相手《あいて》の同意《どうい》がないのに、相手《あいて》の体《からだ》を無理《むり》やりさわったり、見《み》ようとしたりするのが性暴力《せいぼうりょく》だよ。特《とく》にプライベートゾーンは絶対《ぜったい》にダメ！

電車《でんしゃ》や路上《ろじょう》などで体《からだ》をさわられる

写真《しゃしん》を勝手《かって》にとられる

性器《せいき》を見《み》せたり、さわらせようとしたりする

恋人《こいびと》から暴力《ぼうりょく》を受《う》ける（デートDV《ディーブイ》＝ドメスティック・バイオレンス）

ひざの上《うえ》にのせられる

後《うし》ろから抱《だ》きつかれる

着《き》がえやトイレをのぞかれる

むりやりセックスをする（レイプ）

「かわいいおしりだね」など性的《せいてき》なことを言《い》われる（セクシュアル・ハラスメント）

親切《しんせつ》なふりや、困《こま》っているふりをして、近《ちか》づいてくる人《ひと》もいるから用心《ようじん》をしてね。また、知《し》らない人《ひと》だけでなく、**顔見知《かおみし》りの人《ひと》から性暴力《せいぼうりょく》を受《う》けることも多《おお》い**んだ。「この人《ひと》は前《まえ》から知《し》っている人《ひと》だから、そんなことをするわけがない」などと思《おも》わないこと。不安《ふあん》を感《かん》じたらすぐににげよう。

自分《じぶん》を守《まも》る方法《ほうほう》

女《おんな》の子《こ》も男《おとこ》の子《こ》も、
自分《じぶん》の身《み》を守《まも》る
方法《ほうほう》を知《し》って
おいてね。

●大声《おおごえ》でさけぶ・防犯《ぼうはん》ブザー

「やめて！」「助《たす》けて！」「うわー」「お母《かあ》さん！」 など、何《なん》でもいいから大声《おおごえ》でさけぼう。外出時《がいしゅつじ》は、防犯《ぼうはん》ブザーを持《も》ち歩《ある》いてね。

お母《かあ》さーん!!

●すぐ走《はし》ってにげる

急《きゅう》に近《ちか》づいて来《く》る人《ひと》がいたら、つかまらないように走《はし》って、人《ひと》がたくさんいる方向《ほうこう》へにげよう。コンビニなどのお店《みせ》に入《はい》るのもいいよ。

ダダッ

●信《しん》らいできる大人《おとな》に話《はな》す

「よくわからないけど、なんだか気持《きも》ち悪《わる》い感《かん》じがした」というようなことがあったら、早《はや》めに家《いえ》の人《ひと》などの大人《おとな》に話《はな》そう。

もしも、被害《ひがい》にあったときは？

きみは絶対《ぜったい》に悪《わる》くない!!

悪《わる》いのは、性暴力《せいぼうりょく》をふるった相手《あいて》（加害者《かがいしゃ》）だよ。「私《わたし》に悪《わる》いところがあったから被害《ひがい》にあったんだ」などと自分《じぶん》を責《せ》めないでね。

家《いえ》の人《ひと》や信《しん》らいできる大人《おとな》に話《はな》す

思《おも》い出《だ》すのはいやだよね。でも、できるだけ早《はや》く信《しん》らいできる大人《おとな》に話《はな》そう。話《はな》せる人《ひと》がいないときは、156ページで紹介《しょうかい》している相談先《そうだんさき》に連《れん》絡《らく》してみてね。必《かなら》ず助《たす》けになってくれるよ。

警察《けいさつ》に通報《つうほう》する

通報《つうほう》をすると、自分《じぶん》やほかの子《こ》たちが同《おな》じような性暴力《せいぼうりょく》にあう可《か》能性《のうせい》が低《ひく》くなる。

危険《きけん》な目《め》にあった場所《ばしょ》をさける

同《おな》じような目《め》にあわないように、その場所《ばしょ》には行《い》かないようにしよう。

勇気《ゆうき》を出《だ》して、相談《そうだん》しよう！

子《こ》どもをねらう不審者《ふしんしゃ》ってどんな人《ひと》かな？次《つぎ》の2つだと、どちらが不審者《ふしんしゃ》だと思《おも》う？
クイズ!!
1
2
1だよ!!
だってアヤシイもんっ
ブッブー
正解《せいかい》は……「わからない」でした!!
何《なに》それ～。
なんで？
つまりね、不審者《ふしんしゃ》かどうかは見《み》た目《め》では判断《はんだん》がつかないんだ。性別《せいべつ》や年齢《ねんれい》、職業《しょくぎょう》でわかるわけでもない。
中高生《ちゅうこうせい》が、小《ちい》さな子《こ》をねらって、やさしく声《こえ》をかけてくることもあるんだ。
人気《にんき》のカードあげようか？
いいの？
だからね、外出先《がいしゅつさき》ではなるべく一人《ひとり》にならないこと。こんな場所《ばしょ》では、特《とく》に気《き》をつけようね。
外出先《がいしゅつさき》のトイレ
エレベーターなどの密室《みっしつ》

SNS《エスエヌエス》やインターネットとのつき合《あ》い方《かた》を身《み》につけよう！

じ～～～
わあ～
ちゅ～♡
仲良《なかよ》し～♡
わっ
ブンちゃん？
あっ
ビクゥゥゥ
ちちちっ、ちがうの!!
たぬきとあらいぐまのちがいを検索《けんさく》してたら、いつのまにか、ラブラブ画面《がめん》に…!?
あはは～
えっ、なになに、どうしたの？
えっと！
ひょこっ
ネット上《じょう》の性的《せいてき》な動画《どうが》には注意《ちゅうい》しましょうって、ことだポン!!

性的《せいてき》な動画《どうが》やマンガの情報《じょうほう》にだまされないで

インターネットは
性的《せいてき》な動画《どうが》やマンガを
手《て》に入《い》れやすいけど…
まちがった
情報《じょうほう》が多《おお》いから
気《き》をつけて！

エッチな動画《どうが》やマンガは、ウソの世界《せかい》？

エッチな動画《どうが》やマンガは、見《み》る人《ひと》を性的《せいてき》に興奮《こうふん》させることを目的《もくてき》に作《つく》られていることが多《おお》いよ。

その中《なか》で表現《ひょうげん》されていることは、性的同意《せいてきどうい》や避妊《ひにん》を無視《むし》した暴力的《ぼうりょくてき》な内《ない》容《よう》が多《おお》く、現実世界《げんじつせかい》では性暴力《せいぼうりょく》になるようなことばかり。それが現実《げんじつ》のことだとかんちがいしてはいけない。性《せい》やセックスの正《ただ》しい知識《ちしき》は、出《で》どころが不確《ふたし》かなエッチな動画《どうが》などでは手《て》に入《い》れられないよ！

ダメ、本当《ほんとう》じゃない!!

SNS《エスエヌエス》にはこんな危険《きけん》がひそんでいる！

SNS《エスエヌエス》（ソーシャル・ネットワーキング・サービス）は、実際《じっさい》に会《あ》ったことのない人《ひと》とも、ネット上《じょう》でやりとりができる楽《たの》しいものだけど、性暴力《せいぼうりょく》につながる危険性《きけんせい》もあるよ。

アカウント作成《さくせい》ができるのは、13才《さい》以上《いじょう》からのものが多《おお》いよ。使《つか》うときは、次《つぎ》のことに気《き》をつけてね。

《保護者のかたへ》LINEは「友だち自動追加」機能をオフにしておくことをおすすめします。その他のSNSについても利用規約をよくご確認ください。

TikTok《ティックトック》　LINE《ライン》

X《エックス》　YouTube《ユーチューブ》

Facebook《フェイスブック》　Instagram《インスタグラム》

個人情報《こじんじょうほう》を出《だ》さない

名前《なまえ》　住所《じゅうしょ》　年令《ねんれい》や性別《せいべつ》

学校名《がっこうめい》　電話番号《でんわばんごう》

家族《かぞく》や友《とも》だちの情報《じょうほう》も出《だ》してはダメ！

じゅくの名前《なまえ》　自分《じぶん》の写真《しゃしん》　など

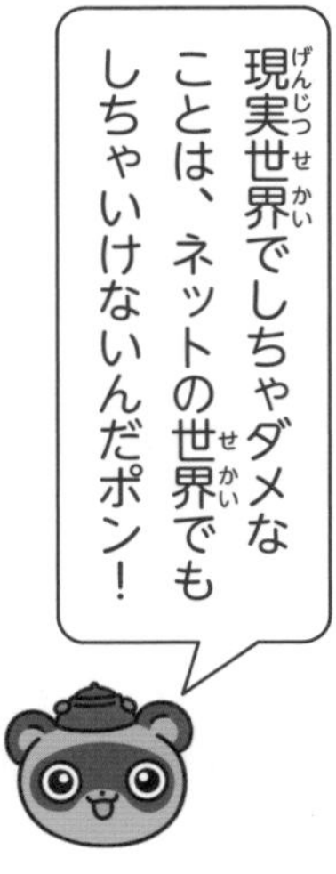

現実世界《げんじつせかい》でしちゃダメなことは、ネットの世界《せかい》でもしちゃいけないんだポン！

はだかの写真《しゃしん》をアップしない

ネット上《じょう》に一度《いちど》アップしたものは、自分《じぶん》が削除《さくじょ》をしても、ずっとどこかで残《のこ》り続《つづ》けて、世界中《せかいじゅう》のだれにでも見《み》られてしまうよ。下着《したぎ》姿《すがた》、制服《せいふく》やユニフォーム姿《すがた》などもアップしないでね。

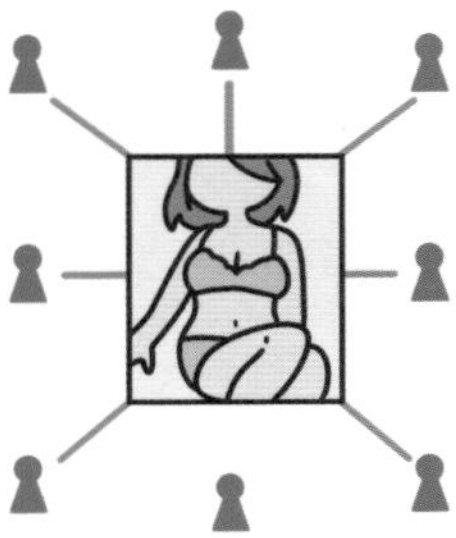

ブンちゃんのおなやみ相談室《そうだんしつ》5

Q しつもん

SNS《エスエヌエス》で知《し》り合《あ》った、同《おな》い年《どし》の子《こ》と会《あ》いたいです。

A おこたえ

一人《ひとり》で会《あ》いに行《い》ってはダメ！

その相手《あいて》の子《こ》は、本当《ほんとう》に同《おな》い年《どし》の子《こ》だと思《おも》う？　もしかしたらきみをねらう悪《わる》い大人《おとな》かもしれないよ。ネットの世界《せかい》では、どんなうそでもつけてしまうんだ。会《あ》いたいときは家《いえ》の人《ひと》に相談《そうだん》してみよう。

Q しつもん

はだかの写真《しゃしん》がほしいと言《い》われたけれど、つき合《あ》ってる恋人《こいびと》だからいいかな？

A おこたえ

ダメだよ～!!

相手《あいて》が恋人《こいびと》ならいいかな、なんて気持《きも》ちはわかるけど、よくないことだよ。本当《ほんとう》に恋人《こいびと》のことを大《だい》事《じ》に思《おも》っているなら、そんな困《こま》らせるようなことは言《い》わないはず！

性的同意《せいてきどうい》について、きみはどんなことを考《かんが》えたかな？

《保護者のかたへ》お子さまのスマホにはフィルタリング設定をしましょう。フィルタリングをしていても100%安全ということはありません。サイトの閲覧履歴やアプリごとの利用時間などをこまめに確認するようにしてください。

担任《たんにん》の茨木《いばらき》先生《せんせい》、もう赤《あか》ちゃん生《う》まれたかなあ？
たのしみ！
オレたちみたいに、双子《ふたご》だったりしてな！
わたしも、いつかお母《かあ》さんになりたいなあ。
ユズちゃんは、コブシくんと結婚《けっこん》するの？
まだわからないよ。
わたしには、カイパパの国《くに》、オランダに留学《りゅうがく》して、通訳《つうやく》になるっていう夢《ゆめ》があるから!!
結婚《けっこん》するとしても、まだまだずーっと先《さき》の話《はなし》だよ。
えっ、わたしは早《はや》く結婚《けっこん》したいなあ。
男女《だんじょ》ともに、18才《さい》になると結婚《けっこん》できます。
(2022年《ねん》までは女性《じょせい》は16才《さい》だったよ)
ママは、2回《かい》結婚《けっこん》したわよ〜。
ユズちゃんのパパさんだよね

大人《おとな》になると、選択肢《せんたくし》がい〜っぱい出《で》てくるんだ。結婚《けっこん》する、しないとか、
だれと結婚《けっこん》する、子《こ》どもを作《つく》る作《つく》らない、離婚《りこん》することだってあるかもしれない。
何《なに》を選《えら》ぶかは人《ひと》それぞれ、その人《ひと》の自由《じゆう》なんだよ。
コッチ
アッチ
オレはコッチ!
それに、ひとつだけを選《えら》ぶ必要《ひつよう》もないかもしれないよ。**未来《みらい》は今《いま》の積《つ》み重《かさ》ねなんだ**ポン!!
そうやって、自分《じぶん》のことを大事《だいじ》にして、よく考《かんが》えていってほしいんだポン。
なんか、ブンちゃん急《きゅう》にまじめ〜!!
さっきまで、ラブラブ動画《どうが》を見《み》てるたぬきちゃんだったのに〜。
カろろろ
もぉ〜

コラム 2

にじ色《いろ》のプライドパレード！

プライドパレードは、LGBTQ＋《エルジービーティーキュープラス》の人《ひと》たちが自分《じぶん》たちの存在《そんざい》を多《おお》くの人《ひと》に知《し》ってもらい、権利《けんり》を守《まも》るために、にじ色《いろ》の旗《はた》をかかげて練《ね》り歩《ある》くもの。1970年《ねん》ごろにアメリカで始《はじ》まり、今《いま》では、日本《にほん》をふくめ、世界各地《せかいかくち》で行《おこな》われているんだ。プライドは“誇《ほこ》り”という意味《いみ》だよ。

LGBTQ＋《エルジービーティーキュープラス》とは？

L《エル》 レズビアン：心《こころ》の性《せい》が女性《じょせい》で、女性《じょせい》を好《す》きになる人《ひと》

G《ジー》 ゲイ：心《こころ》の性《せい》が男性《だんせい》で、男性《だんせい》を好《す》きになる人《ひと》

B《ビー》 バイセクシュアル：女性《じょせい》・男性《だんせい》どちらも好《す》きになる人《ひと》

T《ティー》 トランスジェンダー：心《こころ》の性《せい》と体《からだ》の性《せい》がちがう人《ひと》

Q《キュー》 クエスチョニング（クィア）：まだ自分《じぶん》の性《せい》がはっきりしない、決《き》めていない人《ひと》（クィアは、性的少数派《せいてきしょうすうは》の人《ひと》たちが自分自身《じぶんじしん》を表《あらわ》すときに使《つか》う言葉《ことば》）

＋《プラス》 プラス：どれにも当《あ》てはまらない人《ひと》。たとえば、女性《じょせい》・男性《だんせい》どちらでもない人《ひと》、恋愛感情《れんあいかんじょう》を持《も》たない人《ひと》など

LGBTQ＋《エルジービーティーキュープラス》は、これらの頭文字《かしらもじ》を集《あつ》めた言葉《ことば》で、性的少数派《せいてきしょうすうは》の人たちのことを表《あらわ》すよ。

どうしてにじ色《いろ》なの？

性別《せいべつ》は女性《じょせい》か男性《だんせい》かだけではなく、「人《ひと》それぞれ」で「あいまい」で「多様《たよう》性《せい》があるもの」だということを、にじ色《いろ》のグラデーションで表《あらわ》しているんだ。

多《おお》くの人《ひと》がLGBTQ＋《エルジービーティーキュープラス》について知《し》ったり、関心《かんしん》をもったりすることで、これまでの“当《あ》たり前《まえ》”が変《か》わっていくんだ。たとえば、世界《せかい》では、同性《どうせい》どうしの結婚《けっこん》がみとめられている国《くに》があり、その数《かず》は少《すこ》しずつ増《ふ》えてきているよ。

PART 4

じょうぶな体《からだ》をつくろう

運動《うんどう》で体《からだ》をきたえよう

運動《うんどう》で体《からだ》のさまざまな部位《ぶい》を動《うご》かすことは、じょうぶな体《からだ》をつくる基本《きほん》になるよ。体力《たいりょく》がついて、けがや病気《びょうき》を防《ふせ》ぐことにもつながるんだ。

運動《うんどう》の中《なか》で、きみの好《す》きなことは何《なに》かな？

スポーツが苦手《にがて》でも、
できそうなものはないか考《かんが》えてみよう。

体育《たいいく》

走《はし》り方《かた》のコツ

いっくよーっ
ここは とおさない!
ピーピッ
なになに? どうしたの?
キョロ キョロ
集合《しゅうごう》!!
これから、運動《うんどう》のコツを みなさんに伝授《でんじゅ》します!!
ムキッ
ムキッ
まずは、準備《じゅんび》たいそう からですよ〜。
いっちに゛ぶんぶん
に゛に゛ぶんぶん

徒《と》競《きょう》走《そう》

速《はや》く走《はし》るのに大事《だいじ》なのは、スタートの切《き》り方《かた》、走《はし》るときの姿勢《しせい》、ゴールの入《はい》り方《かた》の3つだよ。コツをつかんで全力《ぜんりょく》を出《だ》し切《き》って走《はし》ろう！

スタートが大事《だいじ》！

- 体《からだ》を前《まえ》にたおしてかまえる。
- 地面《じめん》をしっかりける。

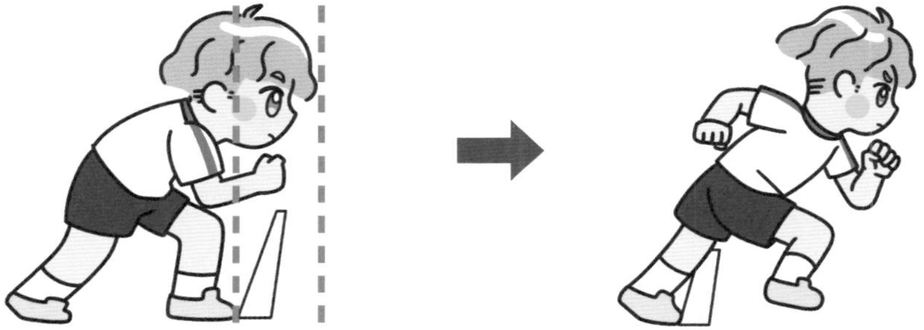

- ひざを曲《ま》げて、前《まえ》に出《だ》した足《あし》に体重《たいじゅう》をかける。
- 前《まえ》に出《だ》した足《あし》よりも、おでこをさらに前《まえ》に出《だ》す。
- スタートの合図《あいず》で、1歩《ぽ》目《め》をすばやくふみ出《だ》す。

NG《エヌジー》なかまえ方《かた》

体《からだ》を前《まえ》にたおしていない。

ひざを曲《ま》げていない！

ゴール直前《ちょくぜん》でぬかれないようにするには？

- ゴールより2m先《さき》に、本当《ほんとう》のゴールがあると思《おも》って走《はし》りぬける。

最後《さいご》の最後《さいご》まで全力《ぜんりょく》！

スピードにのって走《はし》ろう！

スタートの切《き》り方《かた》と同《おな》じように、走《はし》るときも姿勢《しせい》がとても大事《だいじ》。下《した》を向《む》かずまっすぐ前《まえ》を見《み》て、うでは大《おお》きくふろう。うでをふった勢《いきお》いで前《まえ》に進《すす》む力《ちから》が生《う》まれて、よりスピードが出《で》るんだよ。

姿勢《しせい》&うでふり！

視線《しせん》・頭《あたま》

- まっすぐ前《まえ》を見《み》る。

手《て》

- 軽《かる》くにぎる。

ひざ

- 太《ふと》ももを上《あ》げて、ひざを前《まえ》に出《だ》すイメージで走《はし》る。

- ひじを曲《ま》げて後《うし》ろに大《おお》きく引《ひ》く。
- 胸《むね》をはって、上半身《じょうはんしん》を起《お》こす。

足《あし》の向《む》き

- つま先《さき》を走《はし》る方向《ほうこう》にまっすぐ向《む》ける。

NG《エヌジー》な姿勢《しせい》

これだと、スピードが出《で》ない！

あごが上《あ》がって、ひじがのびている。

下《した》を向《む》いている。

ひざよりも、つま先《さき》が前《まえ》に出《で》てしまっている。

マラソン

長《なが》いきょりを走《はし》るときは、かたの力《ちから》をぬいて、うでのふりを小《ちい》さめにするよ。それに合《あ》わせて上手《じょうず》に呼吸《こきゅう》をしよう。速《はや》さを変《か》えずにペースを保《たも》って走《はし》るとつかれにくくなるよ。

つかれないように走《はし》るには?

呼吸《こきゅう》

- 息《いき》をはくことを意識《いしき》しよう。息《いき》をはくと、吸《す》おうとしなくても自然《しぜん》と息《いき》が体《からだ》の中《なか》に入《はい》ってくる。

姿勢《しせい》

- かたの力《ちから》をぬいて、うでを小《ちい》さくしっかりとふる。下《した》を向《む》くと姿勢《しせい》がくずれてしまうので気《き》をつける。

ペースを保《たも》つ!

- ひじを曲《ま》げてうでを後《うし》ろに引《ひ》く動《うご》きを、同《おな》じリズムで行《おこな》う。

NG《エヌジー》なペース

つかれた…

速《はや》く走《はし》ったり、おそく走《はし》ったりと気分《きぶん》でスピードを変《か》える。

オレ、前半《ぜんはん》だけ飛《と》ばし型《がた》!
あはは…

体育《たいいく》

投《な》げる・受《う》ける・ける・つくのコツ

ドッジボール

大《おお》きいボールは
両手《りょうて》で持《も》って
投《な》げよう！

　ボールをバシッと受《う》け止《と》めたら、すぐに強《つよ》い球《たま》を投《な》げ返《かえ》そう。体全体《からだぜんたい》を使《つか》うことを意識《いしき》すると、強《つよ》いボールを投《な》げられるよ。

強《つよ》いボールを投《な》げるには？

● 投《な》げる方向《ほうこう》に体《からだ》を向《む》けて、よく見《み》る。

● ボールを手《て》のひらにのせて、反対《はんたい》の手《て》をそえる。

● 後《うし》ろの足《あし》に体重《たいじゅう》をのせる。

● 体重《たいじゅう》を前足《まえあし》にうつす。

● ボールを前《まえ》におし出《だ》すように、ひじをのばす。

● うでをふりきる！

ボールを受《う》けるには？

● 相手《あいて》のほうに、体《からだ》を向《む》ける。

● 飛《と》んでくるボールから目《め》をはなさない。

● 体全体《からだぜんたい》で包《つつ》みこむように受《う》ける。

サッカー

● ボールをよく見《み》る。

● ボールの横《よこ》に足《あし》をふみこみ、ふみこんだ足《あし》を、ける方《ほう》向《こう》に向《む》ける。

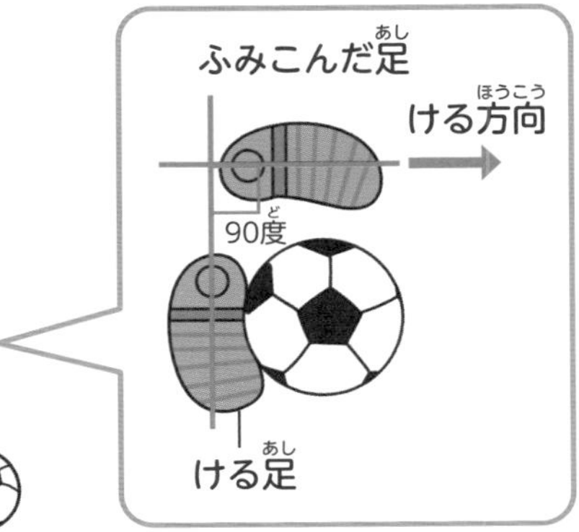

● 足《あし》の内側《うちがわ》でボールをける。

● 足《あし》をふりぬいてボールをける！

バスケットボール

● その場《ば》でボールをつくときは、ボールの真上《まうえ》に手《て》を当《あ》てて、真下《ました》におすようにする。

● ボールをつく手《て》と反対側《はんたいがわ》の足《あし》を少《すこ》し前《まえ》に出《だ》す。

● ドリブルをするときは、ボールをななめ前《まえ》におしながら走《はし》る。

体育《たいいく》

水泳《すいえい》のコツ

けのび

けのびは、水泳《すいえい》の基本《きほん》だよ。両手《りょうて》を頭《あたま》の上《うえ》にのばしてかべをけったら、体《からだ》をピーンとのばして前《まえ》に進《すす》もう。

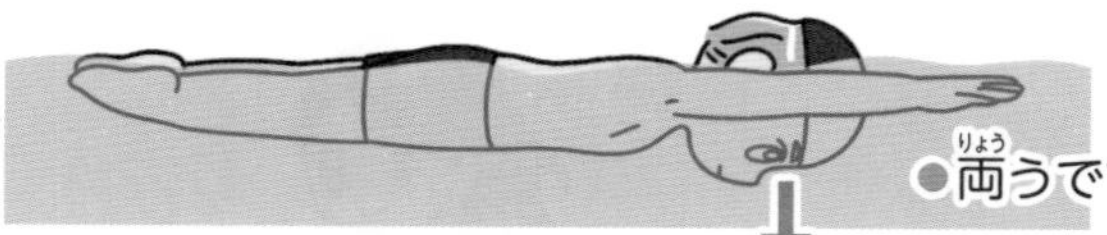
●頭《あたま》を水《みず》に入《い》れる。
ペンギンみたいにビューン!
●両《りょう》うでで耳《みみ》をはさむ。
●目線《めせん》は真下《ました》。プールの底《そこ》を見《み》る。

NG《エヌジー》なうき方《かた》

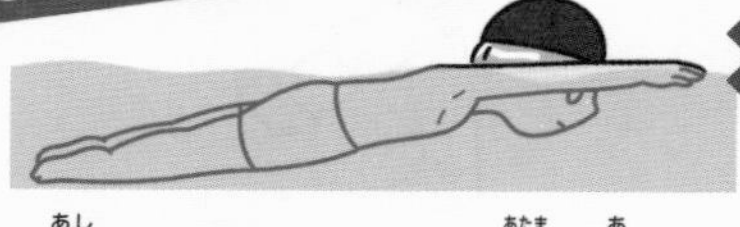

足《あし》がしずんでいる！　頭《あたま》が上《あ》がっているので、耳《みみ》までしっかり水《みず》の中《なか》に入《い》れて、真下《ました》を見《み》よう。

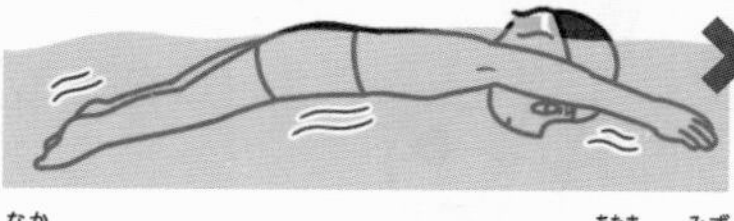

背中《せなか》とおしりがういている！　頭《あたま》を水《みず》に入《い》れすぎているのが原因《げんいん》だから、力《ちから》をぬいて体《からだ》をまっすぐにのばそう。

クロール

手《て》をしっかりかこう！

息《いき》つぎ

●下《した》を向《む》いているときに、鼻《はな》から息《いき》をはく。

うで

●手《て》のひらで水《みず》をかいて、おなかの下《した》から後《うし》ろへおすように、うでを大《おお》きく回《まわ》す。

●片《かた》うでを回《まわ》し終《お》えてから、反対《はんたい》のうでを回《まわ》す。1周《しゅう》したら、手《て》と手《て》を前《まえ》でそろえるようにする。

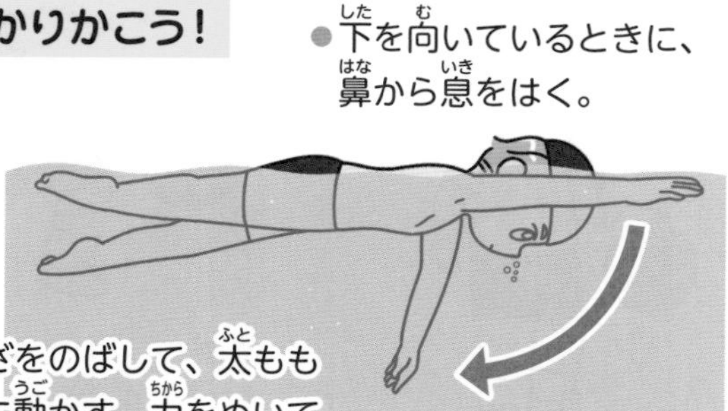

バタ足《あし》

●足首《あしくび》やひざをのばして、太《ふと》ももから上下《じょうげ》に動《うご》かす。力《ちから》をぬいて、しなやかにバタバタ！

息《いき》つぎをするには？

- かいた手《て》が太《ふと》ももとにふれてから、顔《かお》を上《あ》げる。

- 回《まわ》していないほうのうでは、ピンとまっすぐにのばす。
- のばしたうでに耳《みみ》をつけて、横向《よこむ》きに顔《かお》を上《あ》げる。

NG《エヌジー》な息《いき》つぎ

顔《かお》を上《あ》げすぎると、足《あし》がしずんでしまう。

平泳《ひらおよ》ぎ

大《おお》きく進《すす》むには？

ひじを曲《ま》げて、ハートの形《かたち》をえがくように動《うご》かす！

うでと足《あし》を引《ひ》きよせる

- 手《て》で水《みず》をかくと同時《どうじ》に、ひざを曲《ま》げてかかとをおしりに近《ちか》づける。

バッ！

- 息《いき》をすうとき、あごを上《あ》げすぎない。
- 手《て》で水《みず》をかいたら、息《いき》つぎをする。

水《みず》をける！

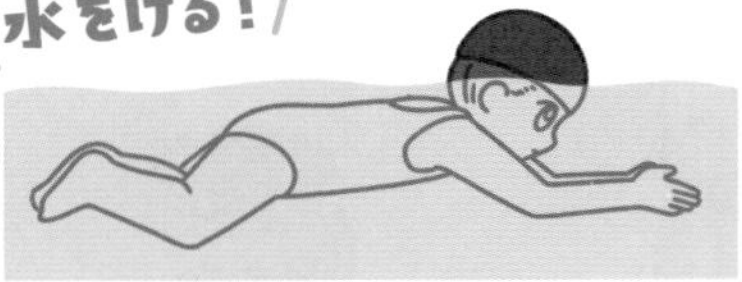

- 足《あし》のうら全体《ぜんたい》で水《みず》をける。足《あし》のこうではけらない。

けのびでスイー！

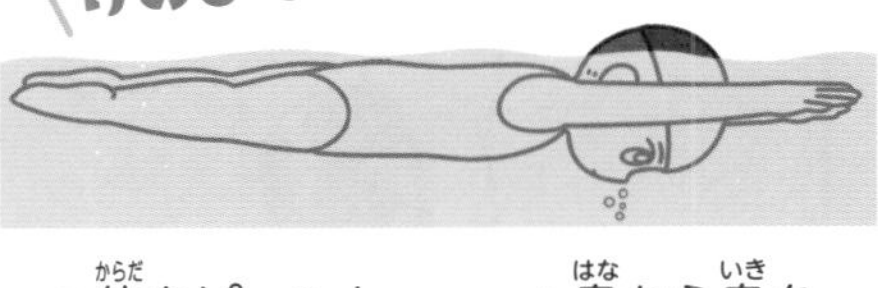

- 体《からだ》をピーンとのばす。
- 鼻《はな》から息《いき》をはく。

体育《たいいく》 マット運動《うんどう》・鉄《てつ》ぼうのコツ

かべ倒立《とうりつ》

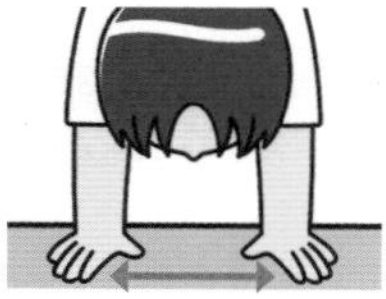

●両手《りょうて》をかたはばくらいに広《ひろ》げる。

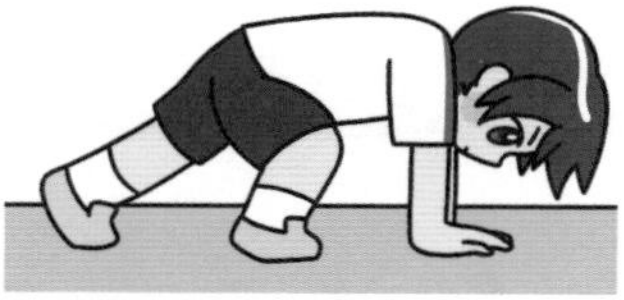

●手《て》をついて、足《あし》を強《つよ》くふり上《あ》げる。目線《めせん》は両手《りょうて》の間《あいだ》に向《む》ける。

NG《エヌジー》な手《て》の位置《いち》

×手《て》がかたより前《まえ》に出《で》ている！

●ピンと体《からだ》をまっすぐにのばす。

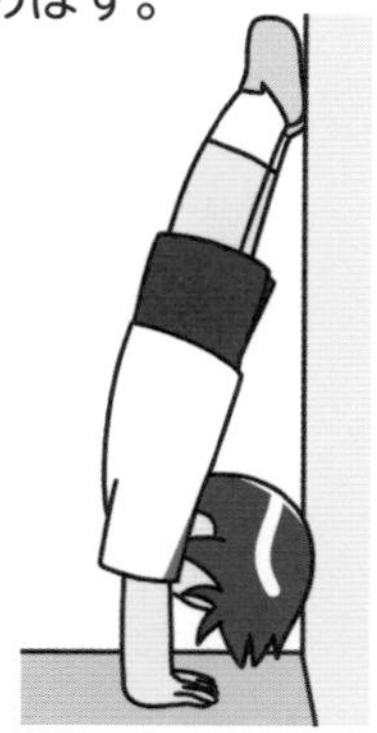

ゆかを見《み》て、バランスをとろう。

逆上《さかあ》がり

くるんと回《まわ》るには？

《にぎり方《かた》》

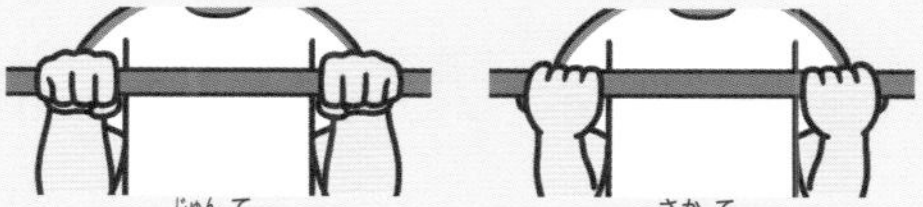

順手《じゅんて》　　逆手《さかて》

逆上《さかあ》がりは、逆手《さかて》にするとやりやすい。

- ひじを曲《ま》げて体《からだ》を鉄《てつ》ぼうに近《ちか》づける。
- しっかりにぎる。
- 鉄《てつ》ぼうより1歩分《ぽぶん》、足《あし》を前《まえ》に出《だ》す。

NG《エヌジー》なかまえ方《かた》

前足《まえあし》が出《で》ていない！

前足《まえあし》を出《だ》しすぎ！

- 前《まえ》の足《あし》でふみこんで、後《うし》ろの足《あし》を思《おも》いきりけり上《あ》げる。
- ひじは曲《ま》げたまま。おなかが鉄《てつ》ぼうからはなれないように上半身《じょうはんしん》をたおす。

- おなかを鉄《てつ》ぼうにつけて、おへそを見《み》て回《まわ》る。

- 勢《いきお》いを保《たも》ったまま体《からだ》を起《お》こす。

予防接種《よぼうせっしゅ》で体《からだ》を守《まも》ろう

注射《ちゅうしゃ》やだよ〜!!
インフルエンザにかかったらいやでしょ？
注射《ちゅうしゃ》なんて、痛《いた》いのはいっしゅんだよ!!
ちょんっ
やだ!
ああ、
ナツメは赤《あか》ちゃんのときからね…
・・・・
チャコ
ぎゃあああ!
ナツメ
覚《おぼ》えてなくてよかったねえ。
かわいかったのよね♥
やだーー!!

予防接種《よぼうせっしゅ》で免疫《めんえき》ができる

人《ひと》の体《からだ》には、病気《びょうき》のもとになる病原体《びょうげんたい》（ウイルスや細菌《さいきん》）から体《からだ》を守《まも》る“免疫《めんえき》”というしくみがあるよ。このしくみを利用《りよう》して、病気《びょうき》を予防《よぼう》するのがワクチンを注射《ちゅうしゃ》する予防接種《よぼうせっしゅ》だよ。

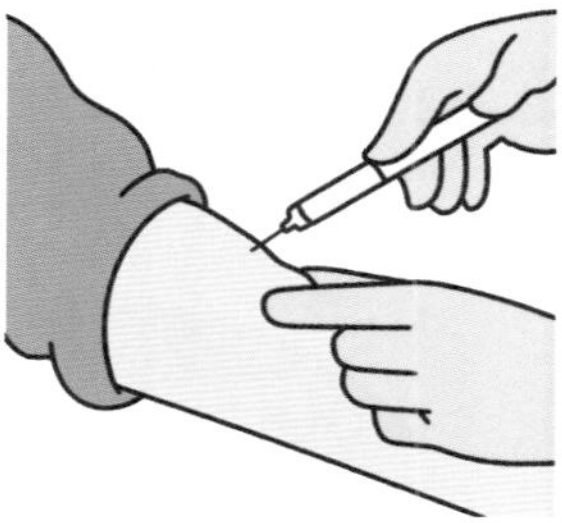

免疫《めんえき》のしくみ

ウイルスや細菌《さいきん》は小《ちい》さくて、肉眼《にくがん》では見《み》えない。

病原体《びょうげんたい》が体《からだ》の中《なか》に入《はい》ると…

免疫細胞《めんえきさいぼう》が、病原体《びょうげんたい》をやっつけて、体《からだ》を守《まも》ろうとする。

これが免疫《めんえき》！

体《からだ》を守《まも》っているんだ！

免疫細胞《めんえきさいぼう》は、体内《たいない》に入《はい》ってきた病原体《びょうげんたい》を覚《おぼ》えていて、同《おな》じものがまた入《はい》ってきたときには、１回目《かいめ》よりもすばやく有利《ゆうり》にやっつけることができる。

このしくみを利用《りよう》するのがワクチンを使《つか》った予防接種《よぼうせっしゅ》！

ワクチンって何《なん》だろう？

ワクチンは、病原体《びょうげんたい》（ウイルスや細菌《さいきん》）の力《ちから》を弱《よわ》くしたものだよ。体内《たいない》に入《はい》ると、その病気《びょうき》に対《たい》する免疫《めんえき》がつくられて、体《からだ》を守《まも》ることができるんだ。

ワクチンのあれこれを知《し》ろう

- 予防接種《よぼうせっしゅ》を受《う》けると、その病気《びょうき》にかかりにくくなったり、かかってもすぐに治《なお》ったりする。
- 特定《とくてい》の病気《びょうき》に対《たい》して、予防《よぼう》ができる。

例《れい》

はしか、風《ふう》しん、水《みず》ぼうそう、日本脳炎《にほんのうえん》、おたくふくかぜ、インフルエンザ、子宮頸《しきゅうけい》がん　など

- 予防接種《よぼうせっしゅ》には、自分《じぶん》を守《まも》るだけでなく、「周《まわ》りの人《ひと》に病気《びょうき》を広《ひろ》げない」という効果《こうか》もある。
- ワクチンを打《う》つと副反応《ふくはんのう》が出《で》ることがある。まれに、重度《じゅうど》のアレルギーが出《で》ることもある。

注射《ちゅうしゃ》は
いやだけど…
大事《だいじ》なもの
なんだね。

セックスでかかる病気《びょうき》（性感染症《せいかんせんしょう》）を防《ふせ》ぐワクチンもある！

女性《じょせい》がかかる子宮頸《しきゅうけい》がんなどの原因《げんいん》になるHPV《エイチピーブイ》（ヒトパピローマウイルス）は、セックスを経験《けいけん》する前《まえ》にワクチンを接種《せっしゅ》すると、高《たか》い確率《かくりつ》で防《ふせ》ぐことができるといわれているよ。

女《おんな》の子《こ》

小学《しょうがく》６年生《ねんせい》から高校《こうこう》１年生《ねんせい》までは、予防接種《よぼうせっしゅ》を無料《むりょう》で受《う》けられる。

男《おとこ》の子《こ》

９歳以上《さいいじょう》で接種《せっしゅ》ができるけれど、現在《げんざい》は全額自費《ぜんがくじひ》になる。

HPV《エイチピーブイ》のワクチンは、男女《だんじょ》を問《と》わず、肛門《こうもん》やのどなどのがんも防《ふせ》げるんだ。

《保護者のかたへ》

厚生労働省のホームページにHPVワクチン接種についての案内があります。ワクチンの効果と注意点が示されていますので、まずはHPVワクチンについて知ることから始めてみましょう。

予防接種《よぼうせっしゅ》は赤《あか》ちゃんも受《う》ける！

生《う》まれて間《ま》もない赤《あか》ちゃんは、お母《かあ》さんのおなかの中《なか》で得《え》た免疫《めんえき》で、病気《びょうき》から身《み》を守《まも》っているんだ。このお母《かあ》さんから受《う》けついだ免疫《めんえき》は、生後半年《せいごはんとし》までしかもたないといわれているよ。そのため、この半年《はんとし》の間《あいだ》に約《やく》６種類《しゅるい》（合計《ごうけい》15本以上《ほんいじょう》）の予防接種《よぼうせっしゅ》を受《う》けるんだ。

自分《じぶん》の体《からだ》をよく知《し》ろう

いっただっきまーす♪
パパは納豆《なっとう》なしね。
代《か》わりにたまご2個《こ》!! 梅干《うめぼ》しもつけちゃう!!
ああ〜。ワタシも納豆《なっとう》を味《あじ》わいたいデス…。
パパは納豆《なっとう》アレルギーだもん、しょうがないよ。
ロックオン!!
そろ〜〜
スッ
パパさん、ダメです!!
ごめんね
うぁ〜〜

アレルギーの病気《びょうき》

アレルギーは、免疫細胞《めんえきさいぼう》が体《からだ》に害《がい》のないものまでもやっつけようとして、はたらきすぎてしまうことで起《お》きる症状《しょうじょう》だよ。

たとえば、そばやピーナッツは、強《つよ》い食物《しょくもつ》アレルギーを引《ひ》き起《お》こすことが多《おお》いといわれている食《た》べ物《もの》だけど、症状《しょうじょう》が出《で》る人《ひと》と、出《で》ない人《ひと》がいるんだ。アレルギーの原因《げんいん》は人《ひと》によってちがっているから、まずは、自分《じぶん》の体質《たいしつ》をよく知《し》っておこう。

アレルギーの原因《げんいん》となるもの

食《た》べ物《もの》

ダニやほこり

動物《どうぶつ》の毛《け》

花粉《かふん》

アレルギーを引《ひ》き起《お》こすものは、人《ひと》によってちがっている。

体《からだ》の中《なか》に入《はい》ると、免疫《めんえき》がはたらきすぎて、アレルギーの症状《しょうじょう》が出《で》る。

アレルギー性鼻炎《せいびえん》

花粉症《かふんしょう》

アトピー性皮膚炎《せいひふえん》

食物《しょくもつ》アレルギー

ぜんそく　など

体《からだ》がかゆくなる

せき・くしゃみ・鼻水《はなみず》

はき気《け》・腹痛《ふくつう》

めまい　など

ハチにさされてアレルギー!?

アレルギーが原因《げんいん》で、急《きゅう》に呼吸《こきゅう》が苦《くる》しくなったり意識《いしき》を失《うしな》ったりすることをアナフィラキシーショックというよ。ハチでは２回目《かいめ》にさされるとなることが多《おお》いといわれているけど、１回《かい》でなることもあるんだ。もしもハチにさされて具合《ぐあい》が悪《わる》くなったら、すぐに救急車《きゅうきゅうしゃ》をよぶこと！

体調管理《たいちょうかんり》ができたらかっこいい！

きみは自分《じぶん》の弱点《じゃくてん》を知《し》っている？　たとえば、おなかをこわしやすい、鼻血《はなぢ》が出《で》やすい、すぐにくよくよしちゃう…。こういった、体《からだ》や心《こころ》のくせのようなものを知《し》って、自分《じぶん》で自分《じぶん》の体《からだ》を管理《かんり》できるようになろう。

おなかをこわしやすい

冷《つめ》たい物《もの》をひかえめにする。

熱《ねつ》を出《だ》しやすい

気温《きおん》にあった服《ふく》そうをして、体《からだ》を冷《ひ》やさない。

転《ころ》んでけがをしやすい

前《まえ》をよく見《み》て注意《ちゅうい》して歩《ある》く。

便秘《べんぴ》になりやすい

食物《しょくもつ》せんいの多《おお》い野菜《やさい》を食《た》べる。

気分《きぶん》が落《お》ちこみやすい

日記《にっき》をつけたり、人《ひと》に相談《そうだん》したりする。

太《ふと》りやすい

よくかんでゆっくり食《た》べる。

ブンちゃんのおなやみ相談室《そうだんしつ》⑥

Q しつもん

病気《びょうき》のせいで、みんなと同《おな》じことができないときがあるのがいやです。

A おこたえ

みんながやっていることが、自分《じぶん》だけできない…。それはつらいし悲《かな》しいことだね。がんばってもどうにもできない気《き》持《も》ち、わかるなあ。たとえば、アレルギーがあって好《す》きなものが食《た》べられない、体《からだ》の弱《よわ》い部分《ぶぶん》があって行動《こうどう》に制限《せいげん》がある、すぐに気《き》が散《ち》ってしまって物《もの》ごとに集中《しゅうちゅう》できないなど、きみがなやみをかかえているように、ほかの人《ひと》にもそれぞれちがうなやみがあるものかもしれないよ。

ブンはそんなとき、みんなとちがうところがあるからこそ、気《き》づけることも多《おお》いんだって思《おも》うようにしているよ。ものを見《み》る角度《かくど》を少《すこ》し変《か》えてみると、気持《きも》ちも少《すこ》しずつ変《か》わっていくんじゃないかな。

Q しつもん

毎朝《まいあさ》、学校《がっこう》に行《い》く時間《じかん》になると、おなかが痛《いた》くなります。

A おこたえ

学校《がっこう》へ行《い》かなきゃという気持《きも》ちと、行《い》きたくないという気《き》持《も》ちの間《あいだ》で、心《こころ》にストレスがかかっているのかもしれないね。

まずは、どうして行《い》きたくないのかをよく考《かんが》えてみよう。友《とも》だちのこと？　勉強《べんきょう》のこと？　日記《にっき》をつけてみると、自分《じぶん》でもわからなかった自分《じぶん》の気持《きも》ちに気《き》づけるようになるよ。

それでも解決《かいけつ》できなそうなことは、保健室《ほけんしつ》の先生《せんせい》や、家《いえ》の人《ひと》など、信頼《しんらい》できる人《ひと》を見《み》つけて、勇気《ゆうき》を出《だ》して相談《そうだん》してみよう。

《保護者のかたへ》朝起きられない理由には、思春期前後に多くみられる「起立性調節障害」が関係していることもあります。だるくて起きられない、起きるとめまいがするなどの症状が続くときは病院を受診しましょう。

自分《じぶん》の体《からだ》のことを、きみはどう思《おも》ったかな？

ブンちゃんの、そのふたを取《と》ったら、中《なか》はどうなっているの？
やっぱり、さわっちゃだめ？
そわそわ
うん、あのね。
ブン以外《いがい》がさわると、中《なか》にすいこまれちゃうんだ。
ええ〜〜!!! おもしろそう!!
えっ、こわくないの!?
それならさわってもいいけど…どうなっても知《し》らないよ!?
うん
そっ
ひゃッホー!!
わ〜い!!
ズゴゴゴ

ナツメさーん、チャコさーん!! 大丈夫《だいじょうぶ》ですか?
とこ とこ
わあっ、ここがブンちゃんの茶《ちゃ》がまの中《なか》かあ。
あれっ、わたしたちがいる!?
ぱあああ
ここは、ブンちゃんの思《おも》い出《で》の中《なか》なんだね。
ええっ、ブンも見《み》てみたいよー。
いいなぁ〜
いろんなことを教《おし》えてもらったもんね。
これ ためになったな〜

生理《せいり》のしくみとか、元気《げんき》で過《す》ごすための方法《ほうほう》とか…。
そうだ、ちんちんのことも教《おし》えてもらったよな!!
赤《あか》ちゃんができるしくみも聞《き》いたし…。
そうそう
赤《あか》ちゃんが生《う》まれてくるのって、きせきみたいなことなんだよな!!
わあ〜、ブンうれしい♡ちゃんと覚《おぼ》えていてくれてるんだね。
ゴooooo…
……。あの、双子《ふたご》さんたち…、なんだかおなかがゴロゴロしてきちゃいました…。
あららら…
そろそろ、もどらないとね!!出口《でぐち》はどこだろう?
キョロキョロ

キラ
キラ
あそこ、何《なに》か光《ひか》ってない？
きっと出口《でぐち》だよ、行《い》ってみよう!!
タタッ
タタッ
パカッ
ううっ、いてて…。
オロオロ
あれえ？ 頭《あたま》からじゃなくて、おしりから出《で》てくるの!?
ポン
……プ
……っ
……プ……ププ…
……ププ…
あははははは!!!
めでたし、めでたし！

大人《おとな》になっていく体《からだ》の変化《へんか》についてもっと知《し》りたいときや、何《なに》か不安《ふあん》なことや困《こま》ったことが起《お》きたときに、きみの助《たす》けになる相《そう》談先《だんさき》の一覧《いちらん》だよ。一人《ひとり》でなやまないでまずは話《はな》してみよう。

体《からだ》や性《せい》のことをもっと知《し》りたいとき

ユニ・チャーム「ソフィ　はじめてからだナビ」

ホームページ　https://jp.sofygirls.com/ja/girls.html

女《おんな》の子《こ》の生理《せいり》や体《からだ》の変化《へんか》について、さまざまな情報《じょうほう》がまとめられているよ。

花王《かおう》ロリエ「からだのノート　おとなになるということ」

ホームページ　https://www.kao.co.jp/laurier/karada/

男女《だんじょ》の体《からだ》の成長《せいちょう》や、女《おんな》の子《こ》の生理用品《せいりようひん》などについて説明《せつめい》されているよ。

困《こま》ったときの相談先《そうだんさき》

どんなことでも

18さいまでの子《こ》どもがつながるチャイルドライン®

ホームページ　https://childline.or.jp（チャットで相談《そうだん》）

電話《でんわ》　0120-99-7777

（通話料無料《つうわりょうむりょう》　毎日午後《まいにちごご》4時《じ》〜午後《ごご》9時《じ》）

24時間《じかん》子供《こども》SOS《エスオーエス》ダイヤル（文部科学省《もんぶかがくしょう》）

電話《でんわ》　0120-0-78310（通話料無料《つうわりょうむりょう》　24時間《じかん》いつでも）

いじめや、自分《じぶん》や友《とも》だちのことで不安《ふあん》なことがあるときには相談《そうだん》してね。

こどもの人権《じんけん》110番《ばん》（法務省《ほうむしょう》）

電話《でんわ》　0120-007-110

（通話料無料《つうわりょうむりょう》　月曜日《げつようび》〜金曜日《きんようび》　午前《ごぜん》8時《じ》30分《ぷん》〜午後《ごご》5時《じ》15分《ふん》）

いじめなど学校《がっこう》のこと、先生《せんせい》のこと、家《いえ》の人《ひと》のことなどを相談《そうだん》できるよ。

よりそいホットライン

電話《でんわ》　0120-279-338（通話料無料《つうわりょうむりょう》　24時間《じかん》いつでも）

電話《でんわ》　0120-279-226（岩手《いわて》・宮城《みやぎ》・福島県《ふくしまけん》からかけるとき）

自分自身《じぶんじしん》の性別《せいべつ》に関《かか》わることも相談《そうだん》できるよ。

性別《せいべつ》に関《かか》わること

AGP《エージーピー》こころの相談《そうだん》

ホームページ
http://www.agp-online.jp/Tele_Counseling.html
電話《でんわ》　050-5806-7216
（毎週火曜日午後《まいしゅうかようびごご》８時《じ》～午後《ごご》10時《じ》）
LGBTQ＋《エルジービーティーキュープラス》の当事者《とうじしゃ》の悩《なや》みや、心《こころ》の問題《もんだい》の相談《そうだん》にのってくれるよ。

家《いえ》のこと

児童相談所虐待対応《じどうそうだんじょぎゃくたいたいおう》ダイヤル（子《こ》ども家庭庁《かていちょう》）

電話《でんわ》　189（通話料無料《つうわりょうむりょう》　24時間《じかん》いつでも）
各地域《かくちいき》の児童相談所《じどうそうだんじょ》へつながるよ。
おうちのことで、困《こま》っていることがあったら相談《そうだん》しよう。

性暴力《せいぼうりょく》・性被害《せいひがい》にあったとき

性犯罪《せいはんざい》・性暴力被害者《せいぼうりょくひがいしゃ》のための ワンストップ支援《しえん》センター（内閣府《ないかくふ》）

電話《でんわ》　＃8891（通話料無料《つうわりょうむりょう》）
各地域《かくちいき》の支援《しえん》センターにつながるよ。センターによって、利用《りよう》できる曜日《ようび》や時間帯《じかんたい》がちがうからよく確認《かくにん》してね。

性犯罪被害相談電話窓口《せいはんざいひがいそうだんでんわまどぐち》（警察庁《けいさつちょう》）

電話《でんわ》　＃8103（通話料無料《つうわりょうむりょう》　24時間《じかん》いつでも）
各地域《かくちいき》の警察窓口《けいさつまどぐち》につながるよ。

性暴力《せいぼうりょく》に関《かん》するSNS相談《エスエヌエスそうだん》　Cure Time《キュア タイム》（内閣府《ないかくふ》）

ホームページ　https://curetime.jp/
（チャット・メールで相談《そうだん》　毎日午後《まいにちごご》５時《じ》～午後《ごご》９時《じ》）

《保護者のかたへ》

家庭でできる性教育サイト「命育」　**ホームページ**　https://meiiku.com
幼児期から青年期までの年齢に合った、性についてのさまざまな情報がまとめられています。

NPO法人ピルコン　恋愛・性の悩みと疑問の解決サイト「HAPPY LOVE GUIDE」
ホームページ　https://pilcon.org/help-line
「恋愛」「男性のからだ」「女性のからだ」など、さまざまなテーマごとに、性の知識や情報がまとめられています。また、アメリカの性教育NGOが製作している動画「AMAZE」の翻訳・吹き替え版が無料公開されています。

※2024年４月現在

おわりに

保護者のかたへ

本書を手に取っていただき、どうもありがとうございます。第二次性徴期は、子どもの成長において非常に重要な時期ですが、同時に多くの疑問や不安を抱える時期でもあります。ここでは、保護者の方々からよく寄せられる質問に対するアドバイスを共有し、お子さんを支えるための具体的な方法をお伝えできればと思います。

質問1

子どもが第二次性徴期を迎え始めました。具体的にはどのような変化が起こるのでしょうか？

第二次性徴期には、身長の急激な伸びや体型の変化、性器の発達など、多くの身体的変化が見られます。女の子では乳房が大きくなり月経が始まる等、男の子では声変わりやひげが生えてくる等（➡23ページ）です。これらは正常な成長の過程ではありますが、個々のタイミングには大きな差があることを理解してください。不安や疑問があれば、まずはかかりつけの小児科医に相談することをお勧めします。

質問2

性について子どもにどう話せばいいのですか？

性について子どもに教えることは難しいかもしれませんが、開かれた対話は常に重要です。具体的な事実を伝えること、質問には正直に答えることが大切です。また、性に関するさまざまな情報があふれている現代では、正しい情報を得ることで、誤った知識をもつリスクを減らすことができま

す。信頼できる書籍や公的機関の情報発信を活用し、興味をもった子どもたちに適切な情報を示すよい機会ととらえてください。

質問3 性に関する不適切な情報に子どもが触れたらどうすればいいですか？

インターネットなどのメディア（➡124ページ）は有益な情報源ですが、不適切な内容に触れる可能性も十分にあります。できればお子さんが見たものを一緒に確認して、なぜそれが不適切なのかを説明することが必要です。信頼できる情報源の見分け方を教え、性に対する健康的な理解を育んでいくことが重要です。

何より大切なことは、お子さんが成長する過程で遭遇するであろう多くの課題に対して、保護者のかたが理解しサポートをしつつ接することです。第二次性徴期は一過性のものではなく、大人になるための多感な時期です。お子さんが自己肯定感をもって将来への一歩を踏み出せるよう助けてあげてください。

子どもの健やかな成長には、日々の変化に対応しながら、愛情を持って接することが不可欠です。保護者のかたが積極的に関わることで、お子さんはより安心して成長のステップを踏めるでしょう。

お子さん一人ひとりが輝く個性を持ち、それらのさまざまな力でより健やかな未来を築いていけるよう、今後もサポートしていきましょう。本書が皆さんの子育てに少しでも役立つことを願っています。

今西洋介

監修《かんしゅう》　今西洋介（いまにし ようすけ）

新生児科医《しんせいじかい》・小児科医《しょうにかい》であり、一般社団法人《いっぱんしゃだんほうじん》チャイルドリテラシー協会代《きょうかいだい》表理事《ひょうりじ》、小児医療《しょうにいりょう》ジャーナリストとしても活躍《かつやく》する。2024年《ねん》よりアメリカ在住《ざいじゅう》。

どんな子《こ》だった？　アトピー性皮膚炎《せいひふえん》の治療《ちりょう》のために、ヘチマのたわしで体《からだ》をこするという民間療法《みんかんりょうほう》をすすめられ、毎晩血《まいばんち》だらけになってねていました。子《こ》どものころに海《うみ》に入《はい》った記憶《きおく》がありません。その後《ご》、アトピー専門《せんもん》の皮膚科《ひふか》で標準治療《ひょうじゅんちりょう》を受《う》けて改善《かいぜん》し、これが小児科医《しょうにかい》になる原点《げんてん》となりました。正確《せいかく》な情報《じょうほう》は心《こころ》と体《からだ》を助《たす》けます。

マンガ　よこてさとめ

埼玉県出身《さいたまけんしゅっしん》。フリーランスのイラストレーター。さまざまなメディアのイラスト、マンガ制作《せいさく》を担当《たんとう》。かわいいねことくらしている。

どんな子《こ》だった？　小《ちい》さなころからイラストレーターになりたいという夢《ゆめ》があり、恋愛《れんあい》よりも絵《え》をかくことに時間《じかん》を費《つい》やす子《こ》でした。マンガやアニメを多《おお》く見《み》ていたので、好《す》きになる対象《たいしょう》がマンガキャラクターだったこともあります。初恋《はつこい》もキャラクターだったなあ〜。

【スタッフ】
本文デザイン　加藤朝代（編集室クルー）
装丁デザイン　鈴木大輔・江﨑輝海（ソウルデザイン）
校正　くすのき舎
編集協力　板谷路子

10才《さい》からの保健体育《ほけんたいいく》 ーこころとからだのギモンー

2024年　7月10日　第1刷発行

監　修　今西洋介
マンガ　よこてさとめ

発行者　永岡純一
発行所　株式会社永岡書店
〒176-8518　東京都練馬区豊玉上1-7-14
（代表）03-3992-5155　（編集）03-3992-7191

印刷・製本　クループリンティング

ISBN978-4-522-44139-8　C8076